DISCLAIMER

The author and publisher are providing this book and its contents on an "as is" basis and make no representations or warranties of any kind with respect to this book or its contents. The author and publisher disclaim all such representations and warranties, including but not limited to warranties of merchantability. In addition, the author and publisher do not represent or warrant that the information accessible via this book is accurate, complete, or current.

Except as specifically stated in this book, neither the author nor publisher, nor any authors, contributors, or other representatives will be liable for damages arising out of or in connection with the use of this book. This is a comprehensive limitation of liability that applies to all damages of any kind, including (without limitation) compensatory; direct, indirect, or consequential damages; loss of data, income, or profit; loss of or damage to property; and claims of third parties.

Copyright © 2022 LINGUAS CLASSICS

BESTACTIVITYBOOKS.COM

All rights reserved. No part of this book may be reproduced or used in any manner without the written permission of the copyright owner except for the use of quotations in a book review.

FIRST EDITION - Published 2022

Extra Graphic Material From: www.freepik.com
Thanks to: Alekksall, Starline, Pch.vector, Rawpixel.com, Vectorpocket, Dgim-studio, Upklyak, Macrovector, Stockgiu, Pikisuperstar & Freepik.com Designers

This Book Comes With Free Bonus Puzzles
Available Here:

BestActivityBooks.com/WSBONUS20

5 TIPS TO START!

1) HOW TO SOLVE

The Puzzles are in a Classic Format:

- Words are hidden without breaks (no spaces, dashes, ...)
- Orientation: Forward & Backward, Up & Down or in Diagonal (can be in both directions)
- Words can overlap or cross each other

2) ACTIVE LEARNING

To encourage learning actively, a space is provided next to each word to write down the translation. The **DICTIONARY** allows you to verify and expand your knowledge. You can look up and write down each translation, find the words in the Puzzle then add them to your vocabulary!

3) TAG YOUR WORDS

Have you tried using a tag system? For example, you could mark the words which have been difficult to find with a cross, the ones you loved with a star, new words with a triangle, rare words with a diamond and so on...

4) ORGANIZE YOUR LEARNING

We also offer a convenient **NOTEBOOK** at the end of this edition. Whether on vacation, travelling or at home, you can easily organize your new knowledge without needing a second notebook!

5) FINISHED?

Go to the bonus section: **MONSTER CHALLENGE** to find a free game offered at the end of this edition!

Want more fun and learning activities? It's **Fast and Simple!**
An entire Game Book Collection just **one click away!**

Find your next challenge at:

BestActivityBooks.com/MyNextWordSearch

Ready, Set... Go!

Did you know there are around 7,000 different languages in the world? Words are precious.

We love languages and have been working hard to make the highest quality books for you. Our ingredients?

A selection of indispensable learning themes, three big slices of fun, then we add a spoonful of difficult words and a pinch of rare ones. We serve them up with care and a maximum of delight so you can solve the best word games and have fun learning!

Your feedback is essential. You can be an active participant in the success of this book by leaving us a review. Tell us what you liked most in this edition!

Here is a short link which will take you to your order page.

BestBooksActivity.com/Review50

Thanks for your help and enjoy the Game!

Linguas Classics Team

1 - Food #1

```
P X P O G U Z S O P A S S Y
P J E R S B M I A S I N I E
J M F R E Z B U W L I J N Z
C C L A X S I B U Y A S G M
G P W S P A G D P N D K U
F A C U P E A N U T S R A R
A P T K N R V I B I P V M T
O R U A K A N E L A I R A B
Z I N L S S B A W A N G S F
P K A R O T S E Q G A T Y K
I O P F J U B O Q O C X G H
G T B A S I L Y U T H O P N
Z L I M O N Z S Z C R Z Q O
B A R L E Y J U I C E X V B
```

APRIKOT
BARLEY
BASIL
KAROT
KANELA
BAWANG
JUICE
LIMON
GATAS
SIBUYAS

PEANUT
PERAS
SALAD
ASIN
SOPAS
SPINACH
PRESA
ASUKAL
TUNA
SINGKAMAS

2 - Castles

```
D U C P R I N S I P E X K U
R K P S H D P A P L F R A N
A A A S K K I B N P Y K B I
G B D I A J I K O R O N A C
O A E M H T T P T I V V L O
N Y R P A I A Z F N W B Y R
T O W E R R N Y R S Q Q E N
A Q A R I A A U I E I I R X
B C J Y A D M N E S B P O L
A Y X O N O D I G A Q A F U
K V A G Q R N A K A S U O T
W E P A L A S Y O Q L Y W S
D I N A S T I Y A N G G O Y
P Y U D A L K A L A S A G E
```

NAKASUOT
TIRADOR
KORONA
DRAGON
PIITAN
DINASTIYANG
IMPERYO
PYUDAL
KABAYO
KAHARIAN

KABALYERO
MARANGAL
PALASYO
PRINSIPE
PRINSESA
KALASAG
TABAK
TOWER
UNICORN
PADER

3 - Measurements

```
M V X J Q P Q B B S W T S M
D A M I L B B S Y Q Y O E E
Z H Y A P O N S A T D N N T
O E Y H S U M A H A E E T R
S N P F H A L L G A G L I O
D L H A B A J G K S R A M K
E N A U F Q D I A H E D E I
S I K G M M O V B D E A T L
I T I M B A N G F J A O R O
M G R A M O L T L J L D O M
A O Y X A X A Z F Y A X P E
L A L I M I N U T O P U Q T
L I T R O T U D R J A T Q R
G N T Y L S K I L O D I G O
```

BYTE
SENTIMETRO
DESIMAL
DEGREE
LALIM
GRAMO
TAAS
PULGADA
KILO
KILOMETRO
HABA
LITRO
MASA
METRO
MINUTO
ONSA
TONELADA
DAMI
TIMBANG
LAPAD

4 - Farm #2

```
M A I S P B P A S T O L X T
D F A P M G A H A Y O P D R
O R C H A R D R T L L A M A
G Q K O G O F P L W F T M K
C G M O G A V D D E X U A T
E M P A T O T U P A Y B G O
P A G K A I N A W B X I S R
R N U X O E I B S E B G A Q
U J L T R I G O W E A G S B
T L A U J A U Y B H R L A Y
A Y Y K G L M S H I N X K K
S J P T V A J C R V W B A A
P G T L F V R J T E K E Z E
W I N D M I L L W H H L A Z
```

MGA HAYOP
BARLEY
BARN
BEEHIVE
MAIS
PATO
MAGSASAKA
PAGKAIN
PRUTAS
PATUBIG

LLAMA
LUGAR
GATAS
ORCHARD
TUPA
PASTOL
TRAKTOR
GULAY
TRIGO
WINDMILL

5 - Books

```
N H Q L R K S K T V M N M P
X K U W E N T O R I A G A A
P V E J A S P N A K P T Y M
M A K E D E K T H O A I K P
A G H L E R D E E L G K A A
Y T A I R Y Z K D E I A U N
A D U S N E M S Y K M P G I
K M M L A A P T A S B A N T
D P S Q A L U O Z Y E L A I
A J C S R Q I V P O N F Y K
N O B E L A E T E N T M A A
K A R A K T E R A U O E N N
M A H A B A N G T U L A N J
Q N A K A K A T A W A F Y A
```

MAY-AKDA
KARAKTER
KOLEKSYON
KONTEKSTO
KAPAL
MAHABANG TULA
NAKAKATAWA
MAPAG-IMBENTO
PAMPANITIKAN
NOBELA
PAHINA
TULA
READER
MAY KAUGNAYAN
SERYE
KUWENTO
TRAHEDYA
MGA SALITA

6 - Meditation

```
P A G K A H A B A G U W B E
X A K A L I K A S A N U T M
M P S K A P A Y A P A A N O
N M A A K A L I N A W A N S
B U G G S J U X E W I P Q Y
N S G A T A A K A L M A D O
D I X Q G A L V W D X G U N
L K L M N A N A V D F H S P
P A N A N A W G M F V I I A
G I S I N G S I G A L N S N
K A B A I T A N Z A T G I S
V O T O C D Z U O E P A P I
K A L I G A Y A H A N J N N
P A G G A L A W M E N T A L
```

PAGTANGGAP
PANSIN
GISING
PAGHINGA
KALMADO
KALINAWAN
PAGKAHABAG
EMOSYON
PASASALAMAT
MGA GAWI
KALIGAYAHAN
KABAITAN
MENTAL
ISIP
PAGGALAW
MUSIKA
KALIKASAN
KAPAYAPAAN
PANANAW

7 - Days and Months

S	O	B	T	R	J	G	T	W	X	V	B	Q	V
A	N	O	B	Y	E	M	B	R	E	T	A	O	N
B	L	U	D	K	I	X	M	K	S	S	G	M	L
A	M	U	E	A	P	E	B	R	E	R	O	I	J
D	A	B	N	L	D	L	H	I	B	Z	S	Y	K
O	R	U	E	E	X	L	L	M	A	R	T	E	S
Y	S	W	R	N	S	I	P	J	D	A	O	R	O
P	O	A	O	D	M	N	H	K	J	K	B	K	K
H	Z	N	B	A	X	G	Q	U	O	T	J	U	T
P	Q	J	G	R	X	G	A	B	W	X	U	L	U
M	D	X	U	Y	I	O	V	J	C	E	G	E	B
M	A	Y	O	O	Y	L	U	J	I	W	B	S	R
J	J	S	E	T	Y	E	M	B	R	E	S	E	E
H	U	L	Y	O	C	B	I	Y	E	R	N	E	S

ABRIL
AGOSTO
KALENDARYO
PEBRERO
BIYERNES
ENERO
HULYO
MARSO
MAYO
LUNES
BUWAN
NOBYEMBRE
OKTUBRE
SABADO
SETYEMBRE
LINGGO
HUWEBES
MARTES
MIYERKULES
TAON

8 - Chess

```
G I F S F T A X O M P K Q J
S T T A Y U E J X G A A C Y
E H P K D P B H O A L M I H
K P U R M I U M R H I P O P
A I T I M X A D A A G E A H
L W I P J A E G S M S O D A
A R Z I W L T U O O A N I R
B D Z S Y M P A A N H R S I
A R E Y N A P H L Q A D K Y
N V G O H Q M Y C I N L A I
M G A P U N T O S O N V R U
M A N L A L A R O B E O T H
L A R O U J F A H H T C E Q
Q F F A M G J J N L W B M M
```

ITIM
MGA HAMON
KAMPEON
MATALINO
DIAGONAL
LARO
HARI
KALABAN
MANLALARO
MGA PUNTOS
REYNA
SAKRIPISYO
DISKARTE
ORAS
PALIGSAHAN
PUTI

9 - Food #2

```
A I C M A N O K P I W F N Q
R S H M A N S A N A S K K U
T D E B W C W B A R S L I Y
I A R U G K E F K H V M N V
C O R B I G A S X I Z S T Y
H J Y A G J I K O X W X S D
O V O S B H T R I G O I A Y
K T Y E C R L Z P B S Q Y E
E A T S O K O L A T E K J E
E L U E U M G K R D H A M I
J O Y K K Y O G U R T B C M
D N Q E O W H E F L N U L X
I G R S A G I N G U I T K R
H P W O K A M A T I S E B A
```

MANSANAS　　　　TALONG
ARTICHOKE　　　　ISDA
SAGING　　　　　　UBAS
BROKULI　　　　　HAM
KINTSAY　　　　　KIWI
KESO　　　　　　　KABUTE
CHERRY　　　　　　BIGAS
MANOK　　　　　　KAMATIS
TSOKOLATE　　　　TRIGO
ITLOG　　　　　　YOGURT

10 - Family

```
K A P A T I D B F O S O L P
G T Z Q I P M N A U Z C F I
L P R K Y A A A Q T Q Z Y N
E R V G U G N T T C A F T S
A P G U H K A H A E R S Z A
M V K O I A K C S P R H E N
A X G I N B N C A V I N O T
E S N V X A A N W T V N A M
T W I N S T B W A N Z A R L
L K N O T A A I C S L J D R
O S U M G A B A T A Z O J F
L C N P A M A N G K I N L D
A W O Y G G E D Q D N V F O
A P O M O A T I Y A A H C Z
```

NINUNO
TIYA
KAPATID
BATA
PAGKABATA
MGA BATA
PINSAN
ANAK NA BABAE
APO

LOLO
LOLA
ASAWA
MATERNAL
INA
PAMANGKIN
AMA
TWINS
TIYUHIN

11 - Farm #1

```
Q C L N U W S M A Q G U L C
M N N U B X W G P M T U N I
L R Q J A R Q A U A W K Y J
P Y F Y K X A B S N T S U A
U W A K A A S I A O P A N G
K A B A Y O N N U K A U B S
Y B I E L J O H O K T H Z A
U A G W B E T I J A L S Z P
T K A B I S O N K M A H N G
A O S L Q H J J D B N B X N
N D H S U A O Y P I G N S Y
A S O M H Y J N P N O I A V
S T U B I G F F E G K T P H
M J A T V S R C U Y Z E T K
```

PUKYUTAN
BISON
GUYA
PUSA
MANOK
BAKA
UWAK
ASO
ASNO
BAKOD
PATABA
PATLANG
KAMBING
HAY
HONEY
KABAYO
BIGAS
MGA BINHI
TUBIG

12 - Camping

```
B O C X X A Q X S F U B U P
U P F D I R U E F O W C D K
N X Y W R S U U L A W A L T
D J T B S S U L U B I D C I
O S U M B R E R O B U W A N
K Q J G K C X I M M Z M N S
A J K A A M A S A Y A G O E
G D K H L A P B C K T A E K
A V U A I P O J I D O P A T
M V M Y K A Y R L N L U Q O
I K P O A N Q K D G D N J W
T D A P S N F I J V A O D Y
A S S K A G U B A T A N O H
N N P A N G A N G A S O J Z
```

MGA HAYOP
CABIN
CANOE
KUMPAS
KAGAMITAN
APOY
KAGUBATAN
MASAYA
DUYAN
SUMBRERO

PANGANGASO
INSEKTO
LAWA
MAPA
BUWAN
BUNDOK
KALIKASAN
LUBID
TOLDA
MGA PUNO

13 - Cats

```
O M R Q W B M M B I V L K L
Q P A G K A T A O S O F B D
B M A N E Z D L G F M S M K
J A L P G D L A U M N H A Z
S M L I G A W Y M B R W U M
D S D I S G N A S R C V S N
X D Y T W X O G M A L I I T
B A L A H I B O A M O U S E
U M A T U L O G I S I P A D
N A K A K A T A W A O A G Z
T J I P K E H N W J H A D E
O Y T N O U N A H I H I Y A
T N C Y T V K M A B I L I S
O Z R G T I O O W S I K D M
```

KUKO
BALIW
MAUSISA
MABILIS
NAKAKATAWA
BALAHIBO
MANGANGASO
MALAYA

MALIIT
MOUSE
PAA
PAGKATAO
NAHIHIYA
MATULOG
BUNTOT
LIGAW

14 - Numbers

```
L A P F G D A L A W A M P U
A D P J Z D B I E I S A O I
B A K A M Y B M K K I A C M
I L F N T J D A X A Y T S C
M A B O L A B I N G A P A T
P W N K D A S H S X M V M R
I A G W X C B R H C X Y P G
T A T L O O D I M W T M U W
O N P R L A B I N T A T L O
D E S I M A L Q O S N O J L
W G T Z L A B I N L I M A O
A P I T O V Y B D S M Y I Y
L L A B I N G A N I M W A V
O L A B I N D A L A W A S M
```

DESIMAL
WALO
LABINLIMA
LIMA
APAT
LABING-APAT
SIYAM
LABINSIYAM
ISA
PITO
LABIMPITO
ANIM
LABING-ANIM
SAMPU
LABINTATLO
TATLO
LABINDALAWA
DALAWAMPU
DALAWA

15 - Spices

```
K F B A W A N G A K U M I N
A S E H A R A S N U L U Y A
R I A N Y F W T I L P A I A
D B T F U F O A S A V H S M
A U V A F G D B O N P N D A
M Y C L T R R X T T A U O P
O A F A G S O E W R M T R A
N S D Y L H U N E O I M H I
O P A P R I K A X K N E D T
K A N E L A G G D A T G E R
A S I N C A E J A R A G R L
M A T A M I S A I I O C Y F
G U T B A N I L Y A W S V M
Z M T T M R M C Z I R L R W
```

ANIS
MAPAIT
KARDAMONO
KANELA
KULANTRO
KUMIN
KARI
HARAS
FENUGREEK
LASA
BAWANG
LUYA
NUTMEG
SIBUYAS
PAPRIKA
PAMINTA
SAFFRON
ASIN
MATAMIS
BANILYA

16 - Mammals

```
B K G G B D T F A X I K E K
A U E X X T W U R K O E B A
L N N D I E L E P A N T E N
Y E G Y H D O L P H I N A G
E H H I C C B T O R O X V A
N O X R B W O U I U R L E R
A M J A H U G P U S A Q R O
K F Z P L N D A C D F F S O
Z A J L X G L E O N G O O X
E K B M Z G C G A F J O X M
B X H A C O Y O T E P I S C
R R G U Y Y G O R I L L A O
A O O U X O F R I M F J Q Q
D M M E X E R R C E N A S O
```

OSO
BEAVER
TORO
PUSA
COYOTE
ASO
DOLPHIN
ELEPANTE
FOX
DYIRAP

GORILLA
KABAYO
KANGAROO
LEON
UNGGOY
KUNEHO
TUPA
BALYENA
LOBO
ZEBRA

17 - Fishing

```
B P K G U H W X F D I V U P
W A A T I M B A N G L W B A
I G R Z M U F A E F U T E N
R M A G K A G A M I T A N A
E A G I P A I N L N U B M H
J M A L H A A V A S I I U O
H A T L O Q S B W T N N S N
Z L A S O X N E A C W G X A
B A N G K A N Y N A O D Y K
A B O G O H P T U S O A W A
X I L O G O Q A U B Y G N Q
Q S B A S K E T N B V A Q N
T Y K V P L B G H G I T B R
E O W Q J I R A D E A G G X
```

PAIN
BASKET
TABING-DAGAT
BANGKA
LUTUIN
KAGAMITAN
PAGMAMALABIS
FINS
GILLS
HOOK

PANGA
LAWA
KARAGATAN
PASENSYA
ILOG
PANAHON
TUBIG
TIMBANG
WIRE

18 - Restaurant #1

```
R E S E R B A S Y O N S T T
P A G K A I N F N Y E A I A
P L A T O I R I M R C R N G
S A N G K A P X A C B S A A
M A K U S I N A A T C A P P
V M L K U M A I N T O U A A
Z A B L M S Q U G V D I Y G
D N K S E L C W H M E F E S
X G N K N R L Y A K S P S I
G K N A U D G X N I S D B L
X O R J P I X Y G U E Q E B
U K A P E K A R N E R S A I
D K K U T S I L Y O T X Z E
C A S H I E R N M A N O K Z
```

ALLERGY
MANGKOK
TINAPAY
CASHIER
MANOK
KAPE
DESSERT
PAGKAIN
SANGKAP
KUSINA
KUTSILYO
KARNE
MENU
NAPKIN
PLATO
RESERBASYON
SARSA
MAANGHANG
KUMAIN
TAGAPAGSILBI

19 - Bees

```
F M P H P H W L E P H S Z G
G P I A O A A B Z A Q U B W
V R N L L R K M U G B R L T
T U S A L D S W W K C E O D
B T E M E I S V E A R K S X
U A K A N N Y M S I L Y S O
L S T N P U G A D N I U O K
A K O L G V B R E Y N A M T
K I U K T I R A H A N H N V
L E J R E Y L W P U N O G B
A P O L L I N A T O R N J S
K A Q Q E C O S Y S T E M X
M G A P A K P A K I X Y N S
T B L T K L A K Q P Y M I E
```

BLOSSOM
ECOSYSTEM
BULAKLAK
PAGKAIN
PRUTAS
HARDIN
TIRAHAN
PUGAD
HONEY
INSEKTO

HALAMAN
POLLEN
POLLINATOR
REYNA
USOK
ARAW
PUNOG
WAKS
MGA PAKPAK

20 - Sports

```
F X G E H H A K J H M K H B
U Q F U P O T C V F A A K A
C O A C H C C X G Q N M O S
G B I S I K L E T A L P P K
L Y F E I E U U A T A E O E
U G M J S Y Y W V B L O N T
M P H N T E N N I S A N A B
A A U N A R F T G X R A N A
N G A Q D S B L N G O T A L
G G Y F Y J I H Y O G O T L
O A F I U Q Z U J L Q D L A
Y L V E M H B P M F W Y E S
B A S E B A L L A R O P T B
E W J R E F E R E E G F A C
```

ATLETA
BASEBALL
BASKETBALL
BISIKLETA
KAMPEONATO
COACH
LARO
GOLF
GYMNASIUM
HOCKEY
PAGGALAW
MANLALARO
REFEREE
ISTADYUM
KOPONAN
TENNIS
LUMANGOY

21 - Weather

```
H A N G I N P T U Y O F P L
T T S E G S M O B Y U G G J
B U H A W I L N L B I Z D H
K L I M A M T W L A N G I T
O I U I G O O N Z H R T F A
T Y D Z Y Y L Z E A D R T N
U E M O N S O O N G T O C E
E L K U L O G F O H A P T W
M O A O U F B O E A G I W Q
J N L P E K W A Q R T K N K
U M M I B T L P G I U A E A
L H A K I D L A T Y Y L B P
H M D H A M O G E P O T K I
H C O T E M P E R A T U R A
```

SIMOY
KALMADO
KLIMA
ULAP
TAGTUYOT
TUYO
HAMOG
YELO
KIDLAT
MONSOON

POLAR
BAHAGHARI
LANGIT
BAGYO
TEMPERATURA
KULOG
BUHAWI
TROPIKAL
HANGIN

22 - Adventure

```
K A L I K A S A N A C G M P
M O K Y T X L I M G T O C A
A P A T U T U N G U H A N G
P E H B X K K O A A K I A H
A X I A G A A J H K S T B A
N C R G G L L A T D I I H
G U A O B A I L M I R N G A
A R P Q W L G R O B C E A N
N S A J J A T X N I T R T D
I I N F D K A U D D K A I A
B O I I X A S L P A W R O W
H N D F R N A R F D Q Y N A
K A T A P A N G A N J O Z W
K A G A N D A H A N V U Q N
```

AKTIBIDAD
KAGANDAHAN
KATAPANGAN
MGA HAMON
MAPANGANIB
PATUTUNGUHAN
KAHIRAPAN
SIGASIG
EXCURSION
ITINERARYO
KAGALAKAN
KALIKASAN
NABIGATION
BAGO
PAGHAHANDA
KALIGTASAN

23 - Circus

```
C F D L E F Y V R H M B M K
E L T N K J T B Q I Y N U P
K C O S T U M E S K Q I S L
B J L W M G A H A Y O P I M
W L D A N G K E N D I A K E
M D A C A L S M F M M Z A X
T I G R E E E L E P A N T E
I B L O T R I C K B G G C Q
K U O B V R H S A N I G I V
E N B A D B I G S C C D P C
T G O T H A I P A K I T A F
G G E X Z X I P A R A D A E
X O T C E V M A N O N O O D
E Y S A P D E L E O N R D P
```

ACROBAT
MGA HAYOP
LOBO
KENDI
CLOWN
COSTUME
ELEPANTE
JUGGLER
LEON
MAGIC

MAGICIAN
UNGGOY
MUSIKA
PARADA
IPAKITA
MANONOOD
TOLDA
TIKET
TIGRE
TRICK

24 - Tools

```
L T L O P K N Q P W W J U M
S C P I K U T S I L Y O H A
L U K A B L E P N O G P W R
F D L H O E A C U Y C O F T
R L O O L X J H N C S W R I
P A N D I K I T O P A L A L
P Y H I Z K N B Q S H A P Y
P Y G U N T I N G K A B A O
S L S T A P L E R Y G A L G
R T I M A L L E T L D H A U
Q S A E S C R E W U A A K L
W N R P R K I P P B N A O O
Y E T H L S N J X I O A L N
K Q B J P E B R P D N U Q G
```

PALAKOL
KABLE
PANDIKIT
MARTILYO
KUTSILYO
HAGDAN
MALLET
PLIERS
LABAHA

LUBID
PINUNO
GUNTING
SCREW
PALA
STAPLE
STAPLER
SULO
GULONG

25 - Restaurant #2

```
P A M P A G A N A B T E F O
W E Y T E R T I N I D O R P
Q I A N C O Q C Q V Z M T T
U F P U O H S G P Z G R U A
U L W K U T S A R A H E B N
V L B V A I T G U L A Y I G
E O K F V S H G T P P W G H
K S A L A D I C A M U I R A
D E I W I A I N S A N A G L
E L Y Q P A N S I T A N N I
R Y L K M W U Z N K N Z H A
S O P A S J M A S A R A P N
O V T C U X I T L O G Q G X
V Y D A Y S N Y E L O J P V
```

PAMPAGANA	YELO
INUMIN	TANGHALIAN
KEYK	PANSIT
UPUAN	SALAD
MASARAP	ASIN
HAPUNAN	SOPAS
ITLOG	KUTSARA
ISDA	GULAY
TINIDOR	WEYTER
PRUTAS	TUBIG

26 - Geology

```
L P L A T E A U B S D Z M S
N I A S I N T R U N K Q I T
S C N J L J N D L L K U N A
M Y G D C E K X K K O A E L
K C M O O N J O A A N R R A
U L S G L L G W N L T T A C
Q E T V A S I D O T I Z L T
D T M B Y K F S W S N R P I
G E Y S E R R H F Y E E A T
C J W M R F K I O U N Z G E
J Y U N G I B O S M T Z G S
C O R A L R A F S T E C U F
L A V A G E T W I H A L H Q
K Y T T I E O T L V Q L O H
```

ASIDO
KALTSYUM
YUNGIB
KONTINENTE
CORAL
MGA KRISTAL
CYCLE
LINDOL
PAGGUHO
FOSSIL

GEYSER
LAVA
LAYER
MINERAL
PLATEAU
QUARTZ
ASIN
STALACTITE
BATO
BULKAN

27 - House

```
W B F S U H B Y P Q B L M I
K U S I N A A N Z W I O G P
S B G H Z T K R M A N C A F
A O Q I W T O K D L T V S I
L N R Z Y I D E U I A D U R
A G M K X C E N P S N E S E
M G A K U R T I N A A B I P
I M A P I N T O S K D F O L
N V C R N S Y B I L S E W A
X O Z T A A M Z L A H E R C
H J T S W H T J I T O A V E
B C V P X I E N D A W J J Y
M U R A N G E S O N E U K L
N C L A M P A R A O R Z Q V
```

ATTIC
WALIS
MGA KURTINA
PINTO
BAKOD
FIREPLACE
SAHIG
MURANGE
GARAHE
HARDIN

MGA SUSI
KUSINA
LAMPARA
AKLATAN
SALAMIN
BUBONG
SILID
SHOWER
PADER
BINTANA

28 - Comedy

```
X B A Q P M G Z U I C C G P
L M O N A A P G Z K L A E A
N A R J R D G A K T O R N L
A S M C O L E B T P W T R A
K A X Q D A V A I A N I E K
A Y U Y Y J M R F G S S G P
K A H U M O R K Z T K T O A
A C N T T K X M Z A D A J K
T A S I J E U T A W P T S A
A M A T A L I N O A U E Q N
W N A G P A P A H A Y A G M
A T E L E B I S Y O N T Z M
K T N K B X K B G P C R L N
H G V G M S V X Q P X O U Z
```

AKTOR
ARTISTA
PALAKPAKAN
MADLA
MATALINO
CLOWNS
NAGPAPAHAYAG
MASAYA
NAKAKATAWA

GENRE
HUMOR
PAGBIGKAS
JOKE
PAGTAWA
PARODY
TELEBISYON
TEATRO

29 - Bathroom

```
L X J U P L S I N G A W M M
O H G L A B A B O U T X G G
S T H P Z V B N V N C G G A
Y U O B Y V O D J T T B Q B
O B F I T C N P R I Q W E U
N I Y V L Q G F W N A Z Y L
W G J T H E G S S G L F O A
E K B N I S T N Y H P K Z Z
S A L A M I N A R K O N G B
L I G O C O A G F J M W Z S
T U W A L Y A R H M B Y E A
P A B A N G O I J E R S Q R
S H A M P O O P Y H A X E H
N M A S G P L O U Z B S W H
```

LIGO
MGA BULA
GRIPO
LOSYON
SALAMIN
PABANGO
ALPOMBRA
GUNTING

SHAMPOO
SHOWER
LABABO
SABON
SINGAW
TOILET
TUWALYA
TUBIG

30 - School #1

```
A V U S T M D U X E V M F S
R K G U R O X G H A M A Q I
N I L U W F V D J P G T M L
U P U A N U M E R O A E G I
P M P Q T N H S X P S M A D
A G E G A A X K I U A A K A
G A N L N A N X O I G T A R
S F S A G Y L F W H O I I A
U O Q P H W I P Z W T K B L
S L U I A L E K A G H A I A
U D X S L N J N X B Y Z G N
L E P X I P A P E L E A A J
I R I F A M A S A Y A T N W
T N T C N A X N U F A O O V
```

ALPABETO
MGA SAGOT
UPUAN
SILID-ARALAN
DESK
MGA FOLDER
MGA KAIBIGAN
MASAYA
AKLATAN

TANGHALIAN
MATEMATIKA
NUMERO
PAPEL
LAPIS
PENS
PAGSUSULIT
GURO

31 - Dance

```
D P T K P A G G A L A W R D
D E U R K F U C C F L N H A
K M M Q A L R W A T T A G M
F U A E E D B L D M P G Z D
U S L W V R I L E K A P F A
J I O T P C Y S M Y G A R M
K K N K U I A K Y P E P I I
A A T W P R Y U C O E A T N
S F R X V C A K S S N H M V
O I K L A S I K O T S A O I
S M N E F U V G D U A Y L S
Y E W I R L N U R R Y A I U
O U W D N Z S J K E O G P A
X I Y D H G K A T A W A N L
```

ACADEMY
SINING
KATAWAN
KLASIKO
KULTURA
DAMDAMIN
NAGPAPAHAYAG
BIYAYA
TUMALON

PAGGALAW
MUSIKA
KASOSYO
POSTURE
PAG-EENSAYO
RITMO
TRADISYONAL
VISUAL

32 - Colors

```
Y S O J D E K Y I A Z U R E
K A E W X F Z O J I J D E D
U A Y P U S I Y A V R U K C
L P L R I N D I G O I T I M
A N U A K A Y U M A N G G I
Y N I L R C R I M S O N L R
A M M V A G T N A J Y Z V V
B W O L I L A N G B N E S I
O P R J C L A J Z E S E N O
S X A O Y P B L Y I A S U L
P I N K A U S E E G G K S E
M A G E N T A X R E O G A T
T O E Y X I V J D D I L A W
Z G K H H G C E L Y E L Z F
```

AZURE
BEIGE
ITIM
ASUL
KAYUMANGGI
CRIMSON
CYAN
PUSIYA
BERDE
KULAY-ABO

INDIGO
MAGENTA
ORANGE
PINK
LILANG
PULA
SEPIA
VIOLET
PUTI
DILAW

33 - Climbing

```
R T S G U W A N T E S X H Z
A R W S G T D M A K I T I D
S O L P I N S A L A T V K A
L U P A I N V P Z X L B I L
K P A G S A S A N A Y O N U
I U K A T A T A G A N T G B
K B W I N K P F D J A A F H
E R H E F P A G U S I S A A
L E H E B A L T I T U D E S
O A T L H A P I S I K A L A
L W K A P A L I G I R A N U
D M G A G A B A Y H F V C G
O Y P K S G U H E L M E T C
J B I N M G A H A M O N G T
```

ALTIUDE
KAPALIGIRAN
BOTA
KUWEBA
MGA HAMON
PAG-USISA
DALUBHASA
GUWANTES
MGA GABAY
HELMET
HIKING
PINSALA
MAPA
MAKITID
PISIKAL
KATATAGAN
LAKAS
LUPAIN
PAGSASANAY

34 - Shapes

```
E L L I P S E B H D M O R P
H Y P E R B O L A O Z U Y C
V P R R K T L U M Z V B U I
P Y I M T U T A T S U L O K
O R S L I W B B S W M R O K
L A M H J L W O U T M Q V O
Y M Y S V L K N L I N Y A N
G I G I L I D S O R C F L O
O D L L K Z T F K A I E E R
N E O I Y U J I K R N W S B
S B B N O V R U C C S S P M
J C O D O Z L B I L O G L B
Y P A R I H A B A Z K I T K
G S M O K P A R I S U K A T
```

ARC
BILOG
KONO
SULOK
KUBO
KURBA
SILINDRO
ELLIPSE
HYPERBOLA
LINYA

OVAL
POLYGON
PRISM
PYRAMID
PARIHABA
GILID
GLOBO
PARISUKAT
TATSULOK

35 - Scientific Disciplines

```
S T M Z O O L O G Y H C S R
E I E E R I V D U X E B O T
Z M K R L L Q U N O P S A
W M R O M A Q J X V L I Y R
I U L E L O N Z T C O S O K
A N Q N L O D I L R H Y L E
S O W O S F H I K T I O O O
T L C K A B W I N O Y L H L
R O K I M I K A Y A A O I O
O G E C A O V T Q A M H Y H
N Y E K O L O H I Y A I A I
O A N A T O M I Y A J Y K Y
M Z S Q Q G R S S P U A O A
Y A I P Q Y B O T A N Y Z R
```

ANATOMIYA
ARKEOLOHIYA
ASTRONOMY
BIOLOGY
BOTANY
KIMIKA
EKOLOHIYA
HEOLOHIYA

IMMUNOLOGY
MEKANIKO
PISYOLOHIYA
SIKOLOHIYA
SOSYOLOHIYA
TERMODINAMIKA
ZOOLOGY

36 - School #2

```
X B R K A L E N D A R Y O A
G X D L K B D K P L M T I K
R J W X X G U N T I N G O A
A G H A M P K O M P I Y U D
M K B M K A A T L F T P J E
A H L G T P S M C R P U Z M
T W X A P E Y K B U S K V I
I U B L T L O U O U K Y R K
K L J A W A N Z O H R L N O
A A K R P A N I T I K A N Z
C P Q O B A C K P A C K Z G
Q I M G A K A I B I G A N U
L S D I K S Y U N A R Y O R
M G A A K T I B I D A D N O
```

AKADEMIKO
MGA AKTIBIDAD
BACKPACK
BUS
KALENDARYO
KOMPIYU
DIKSYUNARYO
EDUKASYON
PAMBURA
MGA KAIBIGAN
MGA LARO
GRAMATIKA
AKLATAN
PANITIKAN
PAPEL
LAPIS
AGHAM
GUNTING
GURO

37 - Science

```
E W O A N A C V T X V M O S
B B P I S I K A X P I I R F
I M O L E C U L E Y K N G T
C W Z L H J I H Y B B E A Z
S S A X U A G D A T A R N X
P Z S R A S L A M K F A I F
U D T E O R Y A T Y A L S G
F O S S I L K O M O B V M R
D K E M I K A L N A M H O A
P A R T I C L E F J N V K V
L A B O R A T O R Y O D M I
K L I M A X P A R A A N L T
Q T K A T O T O H A N A N Y
N K A L I K A S A N A B A Q
```

ATOM
KEMIKAL
KLIMA
DATA
EBOLUSYON
KATOTOHANAN
FOSSIL
GRAVITY
TEORYA
LABORATORYO
PARAAN
MINERAL
MOLECULE
KALIKASAN
ORGANISMO
PARTICLE
PISIKA
HALAMAN

38 - To Fill

```
D R A W E R U I K A H O N A
S O B R E J X M A L E T A L
H C A T I H D M R Y I D U K
B A S K E T Y D T V A S E E
A D I A S B F W O B P N F P
R Y N U V Q B P N F F J R T
R R I I V R T H D B U L S A
E Q N A F K U K Y T A C U G
L K Y D U O B W T R Y G R O
B U C K E T L B A U F F K M
J T Y E T K L D B R B T B E
D P S C R A T E E H P E O Z
O C B P A C K E T R C E T D
N Z L F Y G A R A P O N E E
```

BAG
BARREL
BASIN
BASKET
BOTE
KAHON
BUCKET
KARTON
CRATE
DRAWER
SOBRE
FOLDER
GARAPON
PACKET
BULSA
MALETA
TRAY
TUB
TUBE
VASE

39 - Summer

```
G D S C K M H P Z M B N X R
F P R B U Y T A H A N A N Y
C H D D X T Y G R D C C M U
M L Z Q X A Q K E D G F G U
I K J W W B K A X F I D A K
M G A K A I B I G A N N L A
U M N O K N Y N J L I J A M
S W V V H G D I V I N G R P
I N R X W D A G A T K F O I
K A G A L A K A N Y N A U N
A M Z P A G L I L I B A N G
C R H Y Y A P A M I L Y A Z
O O P M C T L U M A N G O Y
P A G P A P A H I N G A F W
```

TABING-DAGAT
KAMPING
DIVING
PAMILYA
PAGKAIN
MGA KAIBIGAN
MGA LARO
HARDIN
TAHANAN
KAGALAKAN
PAGLILIBANG
MUSIKA
PAGPAPAHINGA
DAGAT
LUMANGOY

40 - Clothes

```
P B S D N H K I T A Q I E A
A L U Y I P U L S E R A S M
L U M A O V W G K O V M R E
D S B K L S I N T U R O N R
A A R E P A N T A L O N B I
Y I E T K Q T F V E R J X K
P O R Q L F A S H I O N T A
K T O O I X S L P V S Z S N
G U W A N T E S A D E P H A
D A U A P R O N J H O T I S
A S A P A T O S A V A X R C
M A O N G H B V M G M S T A
I U W P A N G L A M I G M R
T Y F B C V J X S O J L H F
```

APRON
SINTURON
BLUSA
PULSERAS
AMERIKANA
DAMIT
FASHION
GUWANTES
SUMBRERO
DYAKET
MAONG
ALAHAS
KUWINTAS
PAJAMAS
PANTALON
SCARF
SHIRT
SAPATOS
PALDA
PANGLAMIG

41 - Insects

```
P Z P Z D F D J E L A R V A
A L A D Y B U G P C A A L P
R N W C W X O F U I J M O J
U S A B A Y D Y K C R O O H
P X S Y P V H B Y A X T V K
A I P G H B P N U D Q H W T
R W A H I P I S T A R H E I
O J Y I D O Z B A L A N G P
V C Y N H K K K N N M Z K A
D R A G O N F L Y N T W R K
U F B S R Q L M A N T I S L
N N Y Y N B E E T L E G T O
J U H Z E D A R I U I Q N N
R M U P T T M T T S N G P G
```

ANT
APHID
PUKYUTAN
BEETLE
PARUPARO
CICADA
IPIS
DRAGONFLY
FLEA
TIPAKLONG

HORNET
LADYBUG
LARVA
BALANG
MANTIS
LAMOK
MOTH
ANAY
WASP
UOD

42 - Astronomy

```
D B V E B E U C I O T R C A
X U X K A S T R O N O M O S
T W L L Z O C D K S N U B T
R A D I A T I O N U M U H R
T N P P L A N E T A V O B O
X F M S U P E R N O V A S N
O B S E R B A T O R Y O A A
K O N S T E L A S Y O N S U
X A K M P E I K O P L E T T
G I P M T N O L O L A B E A
R O C K E T L R U J N U R R
E Q U I N O X U Z L G L O A
Z O D I A C T G P W I A I L
K A L A W A K A N A T Z D V
```

ASTEROID
ASTRONAUT
ASTRONOMO
KONSTELASYON
COSMOS
LUPA
EKLIPSE
EQUINOX
KALAWAKAN
METEOR

BUWAN
NEBULA
OBSERBATORYO
PLANETA
RADIATION
ROCKET
LANGIT
SUPERNOVA
ZODIAC

43 - Pirates

A	Q	J	Z	U	K	A	R	A	G	A	T	A	N
N	W	G	U	C	W	N	O	Z	L	W	K	F	L
C	D	P	K	U	W	E	B	A	D	A	U	F	L
H	A	H	O	E	P	V	C	L	O	C	M	I	X
O	I	S	L	A	A	H	S	S	M	K	P	A	E
R	P	C	G	I	N	T	O	T	A	B	A	K	T
L	O	R	O	B	G	D	B	J	S	U	S	A	O
G	K	E	C	A	A	J	A	L	A	B	C	P	X
X	R	W	H	N	N	Q	R	A	M	P	D	I	P
E	X	I	L	D	I	T	Y	J	A	F	E	T	Q
M	K	R	P	I	B	X	A	T	D	O	Q	A	L
L	D	E	D	L	P	E	K	L	A	T	N	N	D
Z	Y	L	T	A	B	I	N	G	D	A	G	A	T
B	Z	F	P	V	R	U	M	A	P	A	T	X	N

ANCHOR
MASAMA
TABING-DAGAT
KAPITAN
KUWEBA
BARYA
KUMPAS
CREW
PANGANIB
BANDILA
GINTO
ISLA
ALAMAT
MAPA
KARAGATAN
LORO
RUM
PEKLAT
TABAK

44 - Time

```
X B L Z W H M L P L O C K K
L S B B U W A N O N W J A A
H I N A H A R A P G G A L H
U G N D E K A D A W W O E A
L L X G V B W W Y G Y R N P
X O Z V G C B A G O E A D O
M I N U T O R A S A N S A N
V Q N G A Y O N H N P B R D
O T B D U T A F P J W V Y N
M U F J N Q H G M Y W T O Q
K U M T A N G H A L I W N D
Q H A A N Y K H A B Y R Q S
O W K O G Y T K G W I M J S
M V X N P A G K A T A P O S
```

PAGKATAPOS
TAUNANG
BAGO
KALENDARYO
SIGLO
ORASAN
ARAW
DEKADA
MAAGA
HINAHARAP
ORAS
MINUTO
BUWAN
UMAGA
GABI
TANGHALI
NGAYON
LINGGO
TAON
KAHAPON

45 - Buildings

```
T O B S E R B A T O R Y O K
N O F Y K P C B C I N T A A
O S L P A A R A L A N O Y S
B P E D O F G G A Y O W L T
W I S T A D Y U M N N E X I
C T C E H O T E L F T R H L
J A N A P A R T M E N T P Y
U L W T B Z B S K K M R A O
L B A R N I T F I R U W B L
X M V O H D N I T N S M R G
Y S U P E R M A R K E T I V
L A B O R A T O R Y O H K J
E M B A H A D A H J S L A J
K S A H O S T E L G U S Y N
```

APARTMENT
BARN
CABIN
KASTILYO
SINEHAN
EMBAHADA
PABRIKA
OSPITAL
HOSTEL
HOTEL
LABORATORYO
MUSEO
OBSERBATORYO
PAARALAN
ISTADYUM
SUPERMARKET
TOLDA
TEATRO
TOWER

46 - Herbalism

```
T M O Y I Q S E T O L A I R
M A B A N G O A I R Q K I O
L A V E N D E R N E T I E S
P A G L U L U T O G A T T E
K A L I D A D G Q A K F M M
B A W A N G R E I N M A U A
B B S A F F R O N O A E P R
U E A G O S K I A F R H E Y
L R P S C E R P C L J A R A
A D M L I L H L B Z O L E L
K E B T G L A M O P R A H B
L A S A H A R D I N A M I N
A L T A R R A G O N M A L S
K P N P W R S Y V X T N I S
```

MABANGO
BASIL
PAGLULUTO
HARAS
LASA
BULAKLAK
HARDIN
BAWANG
BERDE
SANGKAP
LAVENDER
MARJORAM
MINT
OREGANO
PEREHIL
HALAMAN
KALIDAD
ROSEMARY
SAFFRON
TARRAGON

47 - Toys

```
D P A B O R I T O M T T P M
L R O B O T M J Z A L R B M
C L U W A D R H F N I E Y V
C E P M X J H H R I M N A I
H R N P S T R A K K N Z J M
E O A U D J L F A A V L W A
S P R F I E B E P F E B K H
S L X S T J L O X R N V I I
N A V B I S I K L E T A T N
J N W A K O T S E A Q O E A
F O V N D R M C T A T H D S
L R M G A L A R O V G N I Y
O W I K G H Z N V U W U B O
B V P A L A I S I P A N A N
```

EROPLANO
BOLA
BISIKLETA
BANGKA
KOTSE
CHESS
LUWAD
CRAFTS
MANIKA

DRUMS
PABORITO
MGA LARO
IMAHINASYON
KITE
PALAISIPAN
ROBOT
TREN
TRAK

48 - Vehicles

```
C L C S U B W A Y W E E I E
K W G U L O N G J E F Z Y L
Y B H B U S R X O I L G K U
F H U M B M H T D M O T O R
C E C A R A V A N E H R T A
T F E R R Y N C K F E A S F
R X K I J D K G O K L K E T
A V G N L R O L K W I T X D
K U S O M A K I N A C O Z P
E R O P L A N O Y X O R G Y
B I S I K L E T A Z P V V B
R O C K E T A R D D T F L V
T A X I S K U T E R E G X C
K J P X B K N S T R R N M Y
```

EROPLANO
BISIKLETA
BANGKA
BUS
KOTSE
CARAVAN
MAKINA
FERRY
HELICOPTER
MOTOR

RAFT
ROCKET
ISKUTER
SUBMARINO
SUBWAY
TAXI
GULONG
TRAKTOR
TRAK

49 - Flowers

```
P O P P Y T M G L P S T L O
E L X A H U B I U W S Q I R
O A D T W L P K R Y P R L K
N V D A Z I L J V A K D A I
Y E A L N P U K J D S M C D
C N F U Z D M A A A A O N Y
A D F L D N E C S G X I L A
L E O O L I R L M B D Q S S
E R D T O H I B I S C U S Y
N S I K M M A G N O L I A K
D Q L B O U Q U E T N O J S
U G A R D E N I A L I L Y J
L K L O U B E R N Y L C J E
A P C D N M V A R Q R I B K
```

BOUQUET
CALENDULA
KLOUBER
DAFFODIL
DAISY
DANDELION
GARDENIA
HIBISCUS
JASMINE
LAVENDER
LILAC
LILY
MAGNOLIA
ORKIDYAS
PEONY
TALULOT
PLUMERIA
POPPY
MIRASOL
TULIP

50 - Town

```
T A I K S P A Q W H J L K H
I K S L I A I P A F O M U R
N L T I N A Z A B L M T W M
D A A N E R O R Q O G E E L
A T D I H A O M M R B A V L
H A Y K A L I A U I Z T E A
A N U A N A C S T S A R Y R
N Z M U B N F Y E T E O Q V
P A L I P A R A N H K O T K
D H S M I O N M E R K A D O
P C J E L L X G A L L E R Y
S U P E R M A R K E T V I U
P A N A D E R Y A O Z S W Y
L U N I B E R S I D A D I E
```

PALIPARAN
PANADERYA
BANGKO
SINEHAN
KLINIKA
FLORIST
GALLERY
HOTEL
AKLATAN
MERKADO

MUSEO
PARMASYA
PAARALAN
ISTADYUM
TINDAHAN
SUPERMARKET
TEATRO
UNIBERSIDAD
ZOO

51 - Antarctica

```
P P E N I N S U L A E S K T
E A Q J V Y V U E F K I O O
T M G L A C I E R S S Y N P
I T W L D G L W O K P E T O
B C E F I D R J C A E N I G
U L A P C P O G K P D T N R
Z S N L E E A T Y A I I E A
M V Y R C E F T E L S P N P
T G M I N E R A L I Y I T I
U W A J C T O A O G O K E Y
B U E I L E T O B I N O I A
I X O S B V T I R R S J H Y
G O O S A O N U M A B H J U
F O G P Y R N X J N C O V E
```

BAY
MGA IBON
ULAP
KONTINENTE
COVE
KAPALIGIRAN
EKSPEDISYON
GLACIERS
YELO
PAGLIPAT
MINERAL
PENINSULA
ROCKY
SIYENTIPIKO
TOPOGRAPIYA
TUBIG

52 - Ballet

```
K B C D C R Q J G S S K P C
O A U R R I A Q J A M A A H
M L A G S T F T Z A K L G O
P L P Y P M J Q W F A A E R
O E W R A O K I L O S M E E
S R P A L A K P A K A N N O
I I K V P P Y J M S N A S G
T N B E L A G A A J A N A R
O A Z X S Y U R D E Y O Y A
R L L T K T U B L D A S O P
C Q D J A O R K A X N N Y H
B O J R M A N A N A Y A W Y
E S T I L O M U S I K A Z Y
I N T E N S I T Y N D F P Q
```

PALAKPAKAN   INTENSITY
MADLA   KALAMNAN
BALLERINA   MUSIKA
CHOREOGRAPHY   ORKESTRA
KOMPOSITOR   PAG-EENSAYO
MANANAYAW   RITMO
KILOS   KASANAYAN
KAAYA-AYA   ESTILO

53 - Human Body

```
G F B D K M X E K H P B P Z
O H U Z A I L O N G W I U K
B O T Y U L P A N G A B S E
C A O J E E I L X Y B I O T
L R L I M E A R N Q A G B A
U J E I C G N A I Z L A Q I
F B T U K Z C Z E Z A F P N
M I J V A A U T A K T I W G
M Q Q F M P T U H O D C H A
B Y A L A B I N T I W D P H
S A C A Y V D U G O C Z Z Z
J P B V S I K O M U K H A D
U L X A W J S G O L U V K R
B U K U N G B U K O N G M O
```

BUKUNG-BUKONG
DUGO
BUTO
UTAK
BABA
TAINGA
SIKO
MUKHA
DALIRI
KAMAY

ULO
PUSO
PANGA
TUHOD
BINTI
BIBIG
LEEG
ILONG
BALIKAT
BALAT

54 - Musical Instruments

```
T G D B W A X E B T S B P U
R C O H J Q M W A R A A I S
U E B N D B O C S O K N A E
M L I P G R E H S M S J N W
P L Y O B G U I O B O O O D
E O O Q Y G A M O O P Z Z R
T Z L A J I G E N N O A P U
A B I M T T Z S P E N L L M
I U N D M A R I M B A P A S
L U N I F R X I N J U A U T
D Z L C L A R I N E T V T I
T A M B U R I N O B O E A C
C J M A N D O L I N V D K K
A K S J O A Y K E R N R P S
```

BANJO
BASSOON
CELLO
CHIMES
CLARINET
DRUM
DRUMSTICKS
PLAUTA
GONG
GITARA

ALPA
MANDOLIN
MARIMBA
OBOE
PIANO
SAKSOPON
TAMBURIN
TROMBONE
TRUMPETA
BIYOLIN

55 - Fruit

```
M A S W P S A G I N G N X Y
A M H Q E S L U G E I P U F
N E A R R Z I L O C W Y J L
G L C N A S M Y S T B V O W
G O N H S H O P E A C H L G
A N J Z E A N A P R I K O T
Z F D K Y R N P T I D L M N
I P Z T R J R A H N K I W I
I P I B H R Z Y S E D N V O
A A B X H T H A P T H P X N
R A S P B E R R Y Y J I E L
B E R R Y S P U T R W N Y Y
U B A S E V W T K E V Y M M
G U A V A B U K A D O A F L
```

MANSANAS
APRIKOT
ABUKADO
SAGING
BERRY
CHERRY
NIYOG
IGOS
UBAS
GUAVA

KIWI
LIMON
MANGGA
MELON
NECTARINE
PAPAYA
PEACH
PERAS
PINYA
RASPBERRY

56 - Virtues #1

```
B I F V R M A U S I S A N B
M X Z K M A P A G B I G A Y
A M K Y R H W R V Q W P K K
P F R M U I V S W Q P H A A
A G L A V L C E F A L Y K A
G P M A H I M J P B G B A K
P R A A M G S Y M A B U T I
A A L S M A L I N I S L A T
S K A A Y M A H U S A Y W A
Y T Y H C E Y S U I W I A K
A I A A E M N J M C X B C I
N K G N E S B T X Y H M B T
G A E P M M E O E N K N W P
H L T K N U E T I W A L A W
```

KAAKIT-AKIT
MALINIS
TIWALA
MAUSISA
MAPAGPASYANG
MAHUSAY
NAKAKATAWA
MAPAGBIGAY
MABUTI
MALAYA
MAHILIG
PASYENTE
PRAKTIKAL
MAAASAHAN

57 - Kitchen

```
N A P K I N I B V X J G O R
W B W B I E G A O V K A V E
B Y J H T B I N L E U R E F
S W T E W M L G X L T A N R
A R G V I B A A G O S P M I
F R E E Z E R N U J A O Z G
K U T S I L Y O G O R N Q E
T L P D R G P A G K A I N R
A A A P R O N I E P O L K A
D L S D A T K L H C G K U T
O F Y A L O H S S O U X M O
O J I G R E C I P E J R A R
M G A T I N I D O R M R I L
C H O P S T I C K S K Y N U
```

APRON
MANGKOK
CHOPSTICKS
TASA
PAGKAIN
MGA TINIDOR
FREEZER
IGIL
GARAPON

BANGA
KUTSILYO
LADLE
NAPKIN
OVEN
RECIPE
REFRIGERATOR
KUTSARA
KUMAIN

58 - Art Supplies

```
L F T R Q T A O I R B M O L
X E A S E L U D N S R G W A
J P L A P I S B K A U A S N
U E A C A M S H I O S K I G
L K H R P B G C F G H U I I
I T A Y E N S A M B E L U S
N A N L L B Z M I V S A P P
G O A I Q U U E J D P Y U A
M G Y C A W W R U O E E A N
H P A M B U R A F H V Y N D
K C N J F E Y G D Q Z Q A I
W A T E R C O L O R S G X K
P A S T E L S C H B G U T I
S K H R P F G I R G U H G T
```

ACRYLIC
BRUSHES
CAMERA
UPUAN
ULING
LUWAD
MGA KULAY
EASEL
PAMBURA
PANDIKIT
MGA IDEYA
INK
LANGIS
PAPEL
PASTELS
LAPIS
TALAHANAYAN
TUBIG
WATERCOLORS

59 - Science Fiction

```
F H G M U T O P I A Q Y H K
U A P A G S A B O G A P O Y
T K C L V T A D K A M O A W
U A U A E D V Y E X U R T U
R H R Y L X A S M A N A O I
I A R O B O T T I B D C M K
S K W U W L Q O K N O L I B
T A B M C K F P A N E E C P
I Y H R E Z K I L G O H Q L
C A K A L A W A K A N T A A
R C T S W S L I L U S Y O N
S I T W A S Y O N N Z E O E
M A T I N D I N G R L M E T
M A H I W A G A K V C F X A
```

ATOMIC
KEMIKAL
SINEHAN
MALAYO
DYSTOPIA
PAGSABOG
MATINDING
APOY
FUTURISTIC
KALAWAKAN
ILUSYON
HAKA-HAKA
MAHIWAGA
ORACLE
PLANETA
ROBOT
SITWASYON
UTOPIA
MUNDO

60 - Sounds

```
P F B N X M A T U N O G K N
B U M G A T I N I G J H K D
G B M A L A K A S L T C L Y
K O G A K F F E Z Q F I V P
B O C X L N V Z V D A I N G
N E C L F A D S I R E N S B
P S L T I G K I B C B C U C
A O W L K U O P R I D A H H
G C Q F D P R O A L K S N O
T K Z M I B O L T K Q F I X
A J E P P A U L I T U L I T
W B U L O N G C O C G N E Y
A M A I N G A Y N T R T B L
Z Y K O N S I Y E R T O A O
```

BELL
KORO
PUMALAKPAK
KONSIYERTO
UBO
ECHO
DAING
PAGTAWA
MALAKAS
MAINGAY
PAULIT-ULIT
MATUNOG
SIRENS
VIBRATION
MGA TINIG
BULONG
SIPOL

61 - Airplanes

```
L L A N G I T G V T M P W X
H A D E R M Z P H A N G I N
Y L N C Y Y E A B A M P K F
D T Y D K A S A Y S A Y A N
R I G D I R E K S Y O N P E
O T N P Q N P A C B K S A L
G U Y K U X G B X J M S L O
E D D A Q K P Z D C H P I B
N E G A S O L I N A Q L G O
V Q H F P A N U L O N G I Z
D I S E N Y O Q N O Q Q R G
M A K I N A Q T H O T X A S
P A S A H E R O Z F V P N M
A J G N R C R E W M C O U P
```

HANGIN
ALTITUDE
KAPALIGIRAN
LOBO
CREW
PANULONG
DISENYO
DIREKSYON
MAKINA

GASOLINA
TAAS
KASAYSAYAN
HYDROGEN
LANDING
PASAHERO
PILOT
LANGIT

62 - Ocean

```
D T A L G A E B A G Y O N O
W I L S R T I G Z Z Z H C Y
J D K G I U H V G P O S F S
P E A Y I N E Y T P S C W T
Y S S I A A L I M A N G O E
C P A T I N G S B G H W I R
O O H I P O N D W O Q Q V S
F C R E E F C A F N L E A L
V M B A N G K A U G U E C A
N C B A L Y E N A M Z L K U
P U G I T A D O L P H I N N
D A M O N G D A G A T B M D
G Z Y T H W W H Y W O C L Q
T E F Z U N H N O H N L R Z
```

ALGAE
BANGKA
CORAL
ALIMANGO
DOLPHIN
EEL
ISDA
DIKYA
PUGITA
OYSTER
REEF
ASIN
DAMONG-DAGAT
PATING
HIPON
BAGYO
TIDES
TUNA
PAGONG
BALYENA

63 - Birds

```
T G G P O S T R I C H H P I
O P E A C O C K M A Y A E D
U L G T N T K V M N M X N X
C M U O X S W A N A Z H G Y
A A E U I Q A A V R O E U H
N C G F T O Z E H Y O A I E
H K U F L A M I N G O A N R
A G L D O K O U A G I L A O
C A L L G M U W W N V O O N
P E L I C A N K I A I R N S
W Y U I G J Q W U F K O B R
V I B M A Z Z O M U L N X G
W T K Y Z Y L K B K R Q Q W
M A N O K K R Y D T A G A K
```

CANARY
MANOK
UWAK
KUKU
PATO
AGILA
ITLOG
FLAMINGO
GANSA
GULL
HERON
OSTRICH
LORO
PEACOCK
PELICAN
PENGUIN
MAYA
TAGAK
SWAN
TOUCAN

64 - Art

```
S U V Z C P T A A B L P Q I
U Z D F Q E A A I G X A R S
R I U N K G R K P D Z G J K
R F I G U R E A S A K P J U
E A G M M E G U M A T A Q L
A T H C P T U L A I X P S T
L S X V L S D W E A C A I U
I N S P I R A S Y O N H M R
S H H Y K S I M P L E A B A
M O O D A V I S U A L Y O O
O T F C D O R I H I N A L E
P E R S O N A L E P N G O Q
V H K K O M P O S I S Y O N
A U R F L U M I K H A C R Y
```

CERAMIC
KUMPLIKADO
KOMPOSISYON
LUMIKHA
PAGPAPAHAYAG
FIGURE
TAPAT
INSPIRASYON
MOOD
ORIHINAL
PERSONAL
TULA
ISKULTURA
SIMPLE
PAKSA
SURREALISMO
SIMBOLO
VISUAL

65 - Nutrition

```
M T D I Y E T A C L P P T X
A I I M T D S D L H G A N A
P M G K A L I D A D W G C F
A B E D I S N V L H E B A N
I A S L W T U G V C F U L A
T N T D U C T S Z M Y B O K
R G I O Y M S A T G V U R A
P R O T I N A R E A N R I K
D U N M A L U S O G N O E A
F G V J F A C A Q A P S S I
L A S A N S Q X G W Z Y Y N
Q M R Y J O H O Y I X A T A
C F K P U N B I T A M I N A
N K C V S B A L A N S E A J
```

GANA
BALANSE
MAPAIT
CALORIES
DIYETA
DIGESTION
NAKAKAIN
PAGBUBURO
LASA

MGA GAWI
MALUSOG
MASUSTANSYA
PROTINA
KALIDAD
SARSA
LASON
BITAMINA
TIMBANG

66 - Hiking

```
H E X H K O M G A H A Y O P
P B O U C K A M P I N G K V
S A W A Z E B U N D O K M T
T U G C B N I P B J W L W E
U A M H K D G M A K V I T K
B M L M A A A A T X L M K Z
I L Q A I H T P O H A A I S
G I C A M T A A A R A W D L
X G M G A P A N G A N I B S
P A R K E G A W D P A G O D
G W V J F R R S M A T W T W
M G A G A B A Y Q L X G A J
O R Y E N T A S Y O N Y Y T
B N E I O K A L I K A S A N
```

MGA HAYOP
BOTA
KAMPING
TALAMPAS
KLIMA
MGA GABAY
MGA PANGANIB
MABIGAT
MAPA
BUNDOK

KALIKASAN
ORYENTASYON
PARKE
PAGHAHANDA
BATO
SUMMIT
ARAW
PAGOD
TUBIG
LIGAW

67 - Professions #1

```
P R N D M A N A N A Y A W B
I S M U S I K E R O P M A A
A D Y S M Z E C F F B B S N
N O M C R G K F L O Q A T G
I K A O H E D I T O R S R K
S T R A S O T M U P E S O O
T O I C A L L U T V I A N S
A R N H S O X O B Z N D O W
B I O X T G F Q G E A O M K
F T M D R I X I Q I R R O A
Q U Z M E S Y D U S S O A N
L G K D N T I A N J H T P E
A L A H E R O A B O G A D O
M A N G A N G A S O W W F A
```

AMBASSADOR
ASTRONOMO
ABOGADO
BANGKO
COACH
MANANAYAW
DOKTOR
EDITOR
GEOLOGIST

MANGANGASO
ALAHERO
MUSIKERO
NARS
PIANISTA
TUBERO
PSYCHOLOGIST
MARINO
SASTRE

68 - Dinosaurs

```
R E P T I L Y A L A S E I A
M N E L N Z Q Z A U Y D I O
G A Z B A P A G K A W A L A
I P N U O Z I M I N U Q W K
G A I N M L Y G M R H J L I
S K U T N Q U A V A T F U V
L A F O I X U S N P L T P V
M L U T V R J P Y T R A A I
Y A M X O X D E E O T G K C
T K M W R Y J C L R N G T I
U I C M E W B I K T I M A O
N N H F O H F E P W P M S U
C G V V W T E S O J F T D S
G E V P R E H I S T O R I C
```

PAGKAWALA
LUPA
NAPAKALAKING
EBOLUSYON
MALAKI
MAMMOTH
OMNIVORE
PREHISTORIC

BIKTIMA
RAPTOR
REPTILYA
LAKI
MGA SPECIES
BUNTOT
VICIOUS

69 - Barbecues

```
P A G K A I N M U S I K A U
N O F Q D P J S A L A D S N
U P M G A K A I B I G A N B
T A G I N I T L G T N B L U
A M X G M G A B A T A I Z Z
A I K U T S I L Y O N I T T
S L D T M G A T I N I D O R
K Y L O H Y X W F P M I Q S
Q A R M G A K A M A T I S M
D Z Y M U Z P R U T A S M A
I V M I L C F U E Q I N U N
M G A L A R O A N S R G J O
M P I H Y V F B S A R S A K
T V K L A S I N H D N K C Y
```

MANOK
MGA BATA
HAPUNAN
PAMILYA
PAGKAIN
MGA TINIDOR
MGA KAIBIGAN
PRUTAS
MGA LARO
IGIL

MAINIT
GUTOM
KUTSILYO
MUSIKA
SALADS
ASIN
SARSA
TAG-INIT
MGA KAMATIS
GULAY

70 - Surfing

```
W A L T A N Y A G Z C N O Q
Z A L O N M L U M A N G O Y
J N S W V M A M A S A Y A P
B A G U H A N T D U X S K A
I T O J C X F C I W G H T N
L V S T Q F J D V N T Y V A
I K A R A G A T A N D H S H
S F L L A K A S P G C I A O
E C T N K A M P E O N M N N
Z S T A B I N G D A G A T G
Q A T L E T A A A B Q J V T
Y T T I Y A N X C T J S Q H
M Y A R L C M Q R Q A D D T
R E E F F O A M I N M O J F
```

ATLETA
TABING-DAGAT
BAGUHAN
KAMPEON
MGA TAO
MATINDING
FOAM
MASAYA
KARAGATAN

TANYAG
REEF
BILIS
TIYAN
LAKAS
ESTILO
LUMANGOY
ALON
PANAHON

71 - Chocolate

```
S G A C H U Z M W N C R A K
A X R E Z M M I A H G M E A
N R H U S I L G D T C D R K
G K A L I D A D G Y A J E A
K M N I Y O G K D M L M C W
A A T K A R A M E L O M I U
P P I E K S O T I K R A P S
B A O A R O M A L C I S E K
H I X W A C T T P A E A A U
F T I Y B K E N D I S R S M
G N D P A B O R I T O A U A
Z M A N I B Q Q S O Q P K I
M O N A R T I S A N A L A N
Q Q T P M L P R N W J R L J
```

ANTIOXIDANT
AROMA
ARTISANAL
MAPAIT
KAKAW
CALORIES
KENDI
KARAMELO
NIYOG
MASARAP
EKSOTIK
PABORITO
SANGKAP
MANI
KALIDAD
RECIPE
ASUKAL
MATAMIS
LASA
KUMAIN

72 - Vegetables

```
K K A W R A K P E A X Q O S
A A M J J R L U I M H Y F P
M L C S M T U G L P J O G I
A A D F F I Y A S I I N M N
T B E C Z C A W H Q P N E A
I A M S B H Z B F D F L O C
S S K A R O T A L O N G O H
Z A I L O K W H M S S Z S R
W T N A K E T A H Y G W I D
H R T D U A F G T E N Y B C
V F S B L W B A W A N G U J
W R A D I S H U I M O O Y I
R X Y H Q Q J B T X D B A W
P E R E H I L V C E J S S D
```

ARTICHOKE
BROKULI
KAROT
KULIPLOR
KINTSAY
PIPINO
TALONG
BAWANG
LUYA
KABUTE

SIBUYAS
PEREHIL
PEA
KALABASA
RADISH
SALAD
BAHAG
SPINACH
KAMATIS

73 - Boats

I	S	Y	E	F	L	B	O	X	X	R	W	T
P	S	X	E	P	U	Z	U	P	Z	H	R	F	G
L	I	F	E	B	O	A	T	O	W	D	O	C	K
N	A	U	T	I	C	A	L	C	Y	N	L	M	A
L	U	B	I	D	V	P	M	A	K	I	N	A	Y
U	M	T	L	A	K	Q	Y	N	C	N	A	S	A
I	U	I	O	G	F	A	T	O	R	A	F	T	K
C	A	M	G	A	E	Z	R	E	E	S	Q	R	R
M	B	D	X	T	R	X	L	A	W	A	P	N	P
Z	A	I	V	B	R	A	E	D	G	A	I	Z	E
J	N	R	G	Q	Y	A	T	E	Y	A	G	B	A
L	G	B	I	G	H	D	O	U	O	V	T	M	L
E	K	X	Q	N	U	L	U	B	B	Q	H	A	H
V	A	N	C	H	O	R	R	V	E	E	Y	Y	N

ANCHOR
BUOY
CANOE
CREW
DOCK
MAKINA
FERRY
KAYAK
LAWA
LIFEBOAT
MAST
NAUTICAL
KARAGATAN
RAFT
ILOG
LUBID
BANGKA
MARINO
DAGAT
YATE

74 - Activities and Leisure

```
B E X I G Q S K I V B L P P
N O U F O S I A B H V J A A
C A K A L J N M D I V I N G
R T K S F P I P V K S D G H
D E K A I W N I K I U O I A
B N Q F K N G N L N R C N H
A N P R K A G G N G F F G A
S I I Z S A R Q D M I P I R
E S O C C E R E P V N B S D
B J P L U H H E L D G N D I
A Z I M B Z C V R A R X A N
L W A P A G L A L A K B A Y
L I B A N G A N N M I S V N
B A S K E T B A L L Z L R A
```

SINING
BASEBALL
BASKETBALL
BOKSING
KAMPING
DIVING
PANGINGISDA
PAGHAHARDIN
GOLF

HIKING
LIBANGAN
KARERA
NAKAKARELAKS
SOCCER
SURFING
TENNIS
PAGLALAKBAY

75 - Driving

```
P A P G L I S E N S Y A K P
R U K A G A S O L I N A A E
E T L S N B Q N M F M O L D
N C V I I G E D A P O T I E
O T G U S D A M P U T Z G S
Q K C Z N A E N A U O Q T T
Z M F M Y A Q N I W R X A R
K J L T U N E L T B S B S I
O D R E B D G J R E I G A A
T R A P I K O Y A F K A N N
S I B Y L L B W K O L R H T
E V V Z I O E P V I O A E L
R E Q Y S M O T O R U H P L
B R I L Y Z G Y S T V E P I
```

AKSIDENTE
PRENO
KOTSE
PANGANIB
DRIVER
GASOLINA
GARAHE
GAS
LISENSYA
MAPA
MOTOR
MOTORSIKLO
PEDESTRIAN
PULIS
DAAN
KALIGTASAN
BILIS
TRAPIKO
TRAK
TUNEL

76 - Professions #2

```
D A L U B W I K A T T M I Y
L A Z T T D D H S U I A N B
M Y R S F E G T X U K N H I
A S T R O N A U T P T G I O
G A F H I T F L R L I G N L
S H A R D I N E R O K A Y O
A D J B Z S B M U F X G E G
S I L U S T R A D O R A R I
A P V Y V A V K G D B M O S
K I V P S I R U H A N O Q T
A N U L I T R A T I S T A L
X T T D I L I B R A R I A N
N O F P I L O S O P O A N N
C R I M B E N T O R I N B X
```

ASTRONAUT
BIOLOGIST
DENTISTA
TIKTIK
INHINYERO
MAGSASAKA
HARDINERO
ILUSTRADOR
IMBENTOR
LIBRARIAN
DALUBWIKA
PINTOR
PILOSOPO
LITRATISTA
MANGGAGAMOT
PILOT
SIRUHANO
GURO

77 - Emotions

```
N A K A K A R E L A K S W I
I K S O R P R E S A K H C V
N A H I H I Y A H O P C S K
N G A L I T A R N W S D I A
Q A L T Y B W C F W Q S N L
M L C P A G I B I G T L D U
S A K U D K A B A I T A N N
U K U T U P O E X N S M K G
D A Y N L L E T Z I R B A K
Q N F Q E M J D U P B I L U
N A S I Y A H A N Q M N M T
N I L A L A M A N T D G A A
N A S A S A B I K U V M D N
K A P A Y A P A A N Z N O E
```

GALIT
INIP
KALMADO
NILALAMAN
NAHIHIYA
NASASABIK
TAKOT
KAGALAKAN
KABAITAN
PAG-IBIG
KAPAYAPAAN
NAKAKARELAKS
KALUNGKUTAN
NASIYAHAN
SORPRESA
LAMBING

78 - Mythology

```
N I L A L A N G P I B N P U
J C P S Z K A L A M I D A D
H A L A M A T C M C J D G A
I M O R T A L I D A D Q U R
P A N I N I W A L A G P U C
L A B I R I N T I L G Y G H
X P K U L T U R A Z I X A E
H A L I M A W D I Y O S L T
Z G P D X O K Z D W G E I Y
U L G V F N R U E F U L A P
R I L A N G I T L Q R O I E
T K B A Y A N I A O I S H A
J H K I D L A T I L G V Q F
P A G H I H I G A N T I M F
```

ARCHETYPE
PAG-UUGALI
PANINIWALA
PAGLIKHA
NILALANG
KULTURA
DIYOS
KALAMIDAD
LANGIT
BAYANI
IMORTALIDAD
SELOS
LABIRINT
ALAMAT
KIDLAT
HALIMAW
MORTAL
PAGHIHIGANTI
KULOG

79 - Hair Types

```
W P U T I C M A K A P A L U
M M M A H A B A U U K Z I U
M A I K L I M Y X R L K V U
A K A T L X M G T F R O X P
L I P I L A K A A L L N T S
U N D C S Y V L K F O W Z
S T A I G P A K E A U T M G
O A B R A I D S C Q M L G O
G B F I J P T W L H A B O B
T S K N C T U Y O I N F O T
W L A T D A K X N T I D J T
K U L A Y A B O J I P P Y T
R K B S B L O N D M I U K N
B G O K U L A Y B C S Q S N
```

KALBO
ITIM
BLOND
TINIRINTAS
BRAIDS
KULAY
MGA KULOT
KULOT
TUYO
KULAY-ABO

MALUSOG
MAHABA
MAKINTAB
MAIKLI
PILAK
MALAMBOT
MAKAPAL
MANIPIS
PUTI

80 - Furniture

```
M S D E S K P K E K X A F D
P G N V Z Q F U T O N L M B
W S A O P U S T U R Y P G U
P I G K U M O S H G T O A P
E L Y M U N P O X U V M U U
C Y M J O R A N D J B B N A
K A M A L V T N W I L R A N
A R M O I R E I P S A A N J
G P L P B M E A N T M J V Q
D R E S S E R M D A P A L O
D U Y A N Z N T Y N A A E K
S A L A M I N C J T R C Q W
A K U W H O W K H E A P G T
R T G V X U J F J U L S P G
```

SILYA
ARMOIRE
KAMA
BENCH
UPUAN
SOPA
MGA KURTINA
MGA UNAN
DESK
DRESSER
FUTON
DUYAN
LAMPARA
KUTSON
SALAMIN
UNAN
ALPOMBRA
ISTANTE

81 - Garden

```
H O S E K J U Q P B O B O E
M G A D A M O D N T R F Q U
U T N B G B E N C H C D H A
K O L Z T A C K G X H M G B
I P K S R L M O Y P A A Q K
H B U L A K L A K A R G J N
H T D A M O B D K L S Z T
T A M H P N U U G A R A H E
N G R W O A S Y P B P L J R
H D Y D L H H A G O A I L A
P U N O I E K N N J X K E S
O W H D N N V Y S E B S O A
N P U N O N G U B A S I A D
D A M U H A N A H W W K J E
```

BENCH
BUSH
BAKOD
BULAKLAK
GARAHE
HARDIN
DAMO
DUYAN
HOSE
DAMUHAN
ORCHARD
POND
BALKONAHE
MAGSALIKSIK
PALA
TERASA
TRAMPOLIN
PUNO
PUNO NG UBAS
MGA DAMO

82 - Birthday

```
K Z W T C E Q E U B P M N I
M A S M A T A N D A A G L P
E R L P R O L A T T G A V I
C A D E D P N F Z A D K E N
G W K E N B A U W N I A E A
J K A B I D G B J Y R I D N
I B G E A C A J Y Z I B A G
U I J S S O G R M N W I W A
U N J P U D A M Y B A G I N
U R R E G A L O Q O N A T A
L M A S A Y A G R M G N F K
V Q X Y V J K B G A K E Y K
R G V A M A L A K I S T Z N
J C N L K A R U N U N G A N
```

IPINANGANAK
KEYK
KALENDARYO
CARD
PAGDIRIWANG
ARAW
MGA KAIBIGAN
REGALO
MALAKI

MASAYA
NAGAGALAK
MAS MATANDA
AWIT
ESPESYAL
ORAS
KARUNUNGAN
TAON
BATA

83 - Beach

```
K P J M C D Y V R C S Q A U
E A R P V A H Q B S H E L L
Y Y R F E G V P D R A J I A
B O E A G A L F P R G J M S
X N E H G T T U W A L Y A U
H G F M B A P X M T L S N L
L A G O O N T M D A L V G H
I B L B A Y B A Y I N S O P
A R A W L Z L A N S B G K Y
B U H A N G I N X L A M O T
B A K A S Y O N A A N W D Y
G A R E I A O A P Y G N O B
H Q D N I R M G Y X K T C N
K K O D Y E L A W X A X K B
```

ASUL
BAYBAYIN
ALIMANGO
DOCK
ISLA
LAGOON
KARAGATAN
REEF
BANGKA
BUHANGIN
DAGAT
SHELL
ARAW
LUMANGOY
TUWALYA
PAYONG
BAKASYON

84 - Adjectives #1

```
A P U M A P A G B I G A Y K
M M A B A N G O M G U E Z F
A M B P W P W M A L A K I G
G A Z I U H C U D M U N K Z
K B M A S A Y A I A T M A B
A A R P E Y E D L N A A A P
P G P Q R P O T I I P H K M
A A Z B Y U E S M P A A I A
R L Y F O L I R O I T L T G
E X K L S A R I P S Z A A A
H E K S O T I K L E D G K N
O M O D E R N O U D K A I D
A R T I S T I K O N G T T A
V A Y J W M A B I G A T O N
```

GANAP
AMBISYOSO
MABANGO
ARTISTIKONG
KAAKIT-AKIT
MAGANDA
MADILIM
EKSOTIK
MAPAGBIGAY
MASAYA
MABIGAT
TAPAT
MALAKI
MAGKAPAREHO
MODERNO
PERPEKTO
SERYOSO
MABAGAL
MANIPIS
MAHALAGA

85 - Technology

```
V E Z I N T E R N E T A V J
S I S E G U R I D A D L X A
C U R S O R T X Y F U O D Z
R O D T B L O G X D N M N W
E O D K U Q S F Q A H G Z M
E K I B W A S O F T W A R E
N J I C R J L N I A R B T N
E P Y U G O Z T L U H Y Y S
J P F V A T W Y E U I T U A
K O M P I Y U S U V A E I H
D I G I T A L J E I M M V E
C V U S O Z P I F R A O Z N
G C A M E R A M D U J J C N
P A N A N A L I K S I K B I
```

BLOG   FONT
BROWSER   INTERNET
MGA BYTE   MENSAHE
CAMERA   PANANALIKSIK
KOMPIYU   SCREEN
CURSOR   SEGURIDAD
DATA   SOFTWARE
DIGITAL   VIRTUAL
FILE   VIRUS

86 - Landscapes

```
K N U P K D T B X D F G T Z
U K M E U A L A M B A K R Y
W C N N Y E R I C E B E R G
E I W I L O G A S W A M P B
B Z U N O V N S G D Z J Z U
A U I S L A A Y L A W L S N
C H B U R O L A A G T O R D
T Y T L O A A X C A U A C O
A Q H A X S W V I T N N N K
L Z T X O I A J E E D G P S
O L G E Y S E R R L R E M K
N A W I U K A S Y O A L K O
B U L K A N D I S Y E R T O
K U G T A B I N G D A G A T
```

TABING-DAGAT
KUWEBA
DISYERTO
GEYSER
GLACIER
BUROL
ICEBERG
ISLA
LAWA
BUNDOK
OASIS
KARAGATAN
PENINSULA
ILOG
DAGAT
SWAMP
TUNDRA
LAMBAK
BULKAN
TALON

87 - Visual Arts

```
M P A T I S A I Z T U P M W
E A A B P A N A N A W A A A
G S D G E X U O G L A G G K
L A R A W A N R T M R P I S
K U J U L A P I S V K I S U
B E W D M I S R K S I P T L
A P R A P A N U L A T I E I
R A E A D R A D Y U E N N N
N L N B M T H N L D K T S G
I A P E L I K U L A T A I P
S Y B P U S K P Y S U V L P
A O O Z H T D A P N R D M Y
N K Z M Q A J Y Q S A B U I
R F O B R A M A E S T R A W
```

ARKITEKTURA
ARTISTA
KERAMIKA
TISA
ULING
LUWAD
MADALI
PELIKULA
OBRA MAESTRA
PAGPIPINTA
PANULAT
LAPIS
PANANAW
LARAWAN
PALAYOK
MAG-ISTENSIL
BARNISAN
WAKS

88 - Plants

```
K K H A R D I N E E E G W J
A X A M G A H A L A M A N L
G S D W S X C B A U J Q Y T
U B U L A K L A K R N K C O
B E F V V Y P C B S D Y G M
A A Z U N P A T A B A B B W
T N S B H Z H N Q C T V G T
A M R N Z T G X W T T I B B
N A E E L N P I F Q A U U E
F O L I A G E D L A L G S R
W H E D V P U N O R U A H R
B O T A N Y V I R P L T L Y
J Y U M J X T P A U O P S B
R V O O T K M O S S T E M Y
```

KAWAYAN   KAGUBATAN
BEAN   HARDIN
BERRY   DAMO
BOTANY   IVY
BUSH   MOSS
CACTUS   TALULOT
PATABA   UGAT
FLORA   STEM
BULAKLAK   PUNO
FOLIAGE   MGA HALAMAN

89 - Countries #2

```
P A K I S T A N X S N U H V
A A N U I Y B H N X E K T E
U G A N D A R L O N P R F G
D E N M A R K I S Z A A C I
S U D A N T L B A M L I V N
C T H M G R E E C E E N G A
R L A O S Q T R X X T E E O
M P E H B P U I A I H N H J
R P Q B H I L A L C I I A A
D U P T A O V A B O O G P M
E R S W I N D B A O P E O A
Z L G S T X O E N P I R N I
R I P Z I X U N I I A I P C
T N S O M A L I A V N A E A
```

ALBANIA
DENMARK
ETHIOPIA
GREECE
HAITI
JAMAICA
HAPON
LAOS
LEBANON
LIBERIA

MEXICO
NEPAL
NIGERIA
PAKISTAN
RUSSIA
SOMALIA
SUDAN
SYRIA
UGANDA
UKRAINE

90 - Adjectives #2

```
T M R D O O P N M N H R D C
N U A R J O A G L K B E Z R
V A N L A M L E X M S S O E
K Z T T U X A L D A B P G A
X B U U O S L L P L T O B T
G E O X R K O I R A U N A I
T U Y O T A A G O K N S G V
M A I N I T L A D A A A O E
F R E G A L O W U S Y B D S
I L A R A W A N K H Q L Q I
R F B C U E G U T O M E I K
V X P K A W I L I W I L I A
M A T I K A S S B L J L F T
M A A L A T G W O S K K T S
```

TUNAY
CREATIVE
ILARAWAN
TUYO
MATIKAS
SIKAT
REGALO
MALUSOG
MAINIT
GUTOM
KAWILI-WILI
NATURAL
BAGO
PRODUKTIBO
PALALO
RESPONSABLE
MAALAT
TUNTOK
MALAKAS
LIGAW

91 - Math

```
G E O M E T R Y Q P L F X X
G T D E S I M A L A X R P O
T A T S U L O K A R X A A P
P A R A L L E L P A G C R O
H E U X L J N H A L P T I L
E Q X L E P B U D L E I H Y
X U C E Z F N U M E R O A G
P A R I S U K A T L I N B O
O T N J C D W M Q O M D A N
N I S G K C U H R G E A U D
E O A D G R A L Y R T M P Q
N N L V U U T F T A E I U V
T E C F S Q L D O M R O C V
R A D I U S G O W C S A R V
```

ANGGULO
DESIMAL
LAPAD
EQUATION
EXPONENT
FRACTION
GEOMETRY
NUMERO
PARALLEL

PARALLELOGRAM
PERIMETER
POLYGON
RADIUS
PARIHABA
PARISUKAT
TATSULOK
DAMI

92 - Water

```
Y R G U Q P M E B L V Q P Z
E I I L O G A V D L K D A X
L K X A A X I A D A A Z T K
O B A N Y O I L B W R B U K
T P B N M R N O A A A T B C
N A G D A V O N B B G H I U
I G S E S L M B A H A Y G Q
U S G V Y O V Y D E T R O T
V I M O N S O O N U A V V J
G N I Y E B E A S I N G A W
M G N V I I H R Y E W W M L
H A M O G N A N A G Y C R H
N W M A M A S A M A S A R J
R C B R B C H Z G M L R G X
```

KANAL
MAMASA-MASA
MAIINOM
PAGSINGAW
BAHA
HAMOG NA NAGY
GEYSER
BAGYO
YELO
PATUBIG

LAWA
MONSOON
KARAGATAN
ULAN
ILOG
BANYO
NIYEBE
BABAD
SINGAW
ALON

93 - Activities

```
P K V B O G M M D A U M P H
A A J O X L B A X K V Y A C
G M G I S T L I G T H P G N
B P K L S X C W K I T A S K
A I E A I O F E K B C N A E
B N W V S L H I K I N G S R
A G U N Y I I F H D F A A A
S C O G I C Y B H A D N Y M
A R O L F U F A A D D G A I
P A N A N A H I H N K A W K
J F S I N I N G K A G S O A
N T P M G A L A R O N O W O
V S P A G H A H A R D I N P
P A N G I N G I S D A B I H
```

AKTIBIDAD
SINING
KAMPING
KERAMIKA
CRAFTS
PAGSASAYAW
PANGINGISDA
MGA LARO
PAGHAHARDIN
HIKING
PANGANGASO
PAGLILIBANG
MAGIC
KASIYAHAN
PAGBABASA
PANANAHI

94 - Literature

```
O E D I A L O G U E D P K M
T A L A M B U H A Y Z A O A
C W O L K R V U K L N G N Y
O T G P R I T M O E K S K A
T T A L I N G H A G A U L K
T E C K T N P C A G C S U D
U N M Z I E Y A L S E U S A
L D N A K N T O T Q K R Y E
A J O N A R P B N U C I O S
A N E K D O T A K U L L N T
F I C T I O N Q V T G A L I
Y P A G H A H A M B I N G L
P A G L A L A R A W A N Y O
N O B E L A T R A H E D Y A
```

PAGSUSURI
ANEKDOTA
MAY-AKDA
TALAMBUHAY
PAGHAHAMBING
KONKLUSYON
KRITIKA
PAGLALARAWAN
DIALOGUE
FICTION

TALINGHAGA
NOBELA
OPINYON
TULA
PATULA
RITMO
ESTILO
TEMA
TRAHEDYA

95 - Geography

```
K K L F B O L A L L G M D R
A O T A T U Q U S U W E M U
R X N L T I M O G N Y R U A
A D H T H I L O G G D I N E
G F E I I A T Q V S A D D R
A R M T L N T U N O G I O E
T W I U A A E L D D A A M H
A L S D G O F N A E T N A I
N B P E A B Z D T S T B P Y
U A H C K U G A L E H H A O
A N E G I N K A N L U R A N
J S R U S D D Y F W O Z Z T
W A E H L O U Y G O B U E S
J H O G A K V N V D A F L U
```

ALTITUDE
ATLAS
LUNGSOD
KONTINENTE
BANSA
HEMISPHERE
ISLA
LATITUDE
MAPA
MERIDIAN
BUNDOK
HILAGA
KARAGATAN
REHIYON
ILOG
DAGAT
TIMOG
KANLURAN
MUNDO

96 - Vacation #1

```
G S U B T V C L P S U A O X
G K M C P E P A Y O N G R B
S T J T I K E T S F N A Q I
P T R A M S E R O P L A N O
L E P A G P A P A H I N G A
U P R H A E B K U Y V Q R L
M A Q A Y D Q A O L X V T A
A G L Y A I X P C T W Y X W
N A S M U S E O O K S C Z A
G L R Z W Y S F R H P E I Z
O I U D T O A R Y P V A G U
Y S P O A N M A L E T A C P
I T I N E R A R Y O Q F R K
A D W A N A T U R I S T A H
```

EROPLANO
BACKPACK
KOTSE
PERA
ADWANA
PAG-ALIS
EKSPEDISYON
ITINERARYO
LAWA
MUSEO
PAGPAPAHINGA
MALETA
TIKET
LUMANGOY
TURISTA
TRAM
PAYONG

97 - Pets

```
V M P A G O N G P A K E P Y
L O R O V T U B I G W C U Y
B U N T O T U M Q C E T S Y
H S C R G D H T L K L T A Z
A E L V Y K N Z A V Y A S O
M F J P C P G G P M O L W R
S W H F F V M P A T K I A S
T L K A M B I N G W A I S X
E J U U P U S A K L Q T H J
R Q T W N Q D C A Z M T B Q
S J I I S E A Q I R Y C J P
I M N F Z H H S N B A K A N
T S G M H L L O B U T I K I
B E T E R I N A R I A N U F
```

PUSA
CLAWS
KWELYO
BAKA
ASO
ISDA
PAGKAIN
KAMBING
HAMSTER
KUTING
TALI
BUTIKI
MOUSE
LORO
TUTA
KUNEHO
BUNTOT
PAGONG
BETERINARIAN
TUBIG

98 - Nature

```
E C E Q F D K J U D Q D S K
B U N D O K A U P I A G A A
G W O T L P G M I S W G N G
A V Q H I L A D M Y V L T U
D R O X A C N K A E M H U B
M I T T G B D M H R V A W A
A L N I E R A J A T L M A T
P U I A K Y H I L O G O R A
A L Q G M O A E A Q L G Y N
Y A F R A I N N G S A B O C
A P S Z Y W K M A A C W R B
P A G G U H O A F H I Q M C
A V T R O P I K A L E Z J T
S E R E N E M R C M R Z P R
```

ARTIKO
KAGANDAHAN
ULAP
DISYERTO
DINAMIKA
PAGGUHO
HAMOG
FOLIAGE
KAGUBATAN
GLACIER
BUNDOK
MAPAYAPA
ILOG
SANTUWARYO
SERENE
TROPIKAL
MAHALAGA
LIGAW

99 - Championship

```
P D L T A G U M P A Y L T K
A A I J F L L B Q M M P X O
L K G S D Q F E C W E E E P
A A A T K M E J L O D O G O
K M W J I A S F O P A Y I N
A P F H H T R Z C A L C S A
S E I J B D I T B G Y P H N
A O N N H T M I E G A A U W
N N A R C G G V S A K W K H
P A L I G S A H A N O I O M
C T I M P J L E W Y V S M L
T O S W D P A G G A N A P L
B I T C T A R V L K D D K T
M K A M P E O N S T X I Y L
```

KAMPEON
KAMPEONATO
COACH
PAGTITIIS
FINALIST
MGA LARO
HUKOM
LIGA
MEDALYA
PAGGANYAK
PAGGANAP
PAWIS
PALAKASAN
DISKARTE
KOPONAN
PALIGSAHAN
TAGUMPAY

100 - Vacation #2

```
Z F Z U Y V Z A F R F T P R
O C R J M C D B S S C R A E
T P Q I R J R B X O Q E G S
P A G L A L A K B A Y N L T
E S B Q M A T N U H T O I A
P A L I P A R A N O O G L W
H P K D N C Z E D L L V I R
O O W A S G S K O I D K B A
T R F G I N D O K D A A A N
E T V A T F M A P A G M N S
L E O T I S L A G Y G P G V
D A Y U H A N Y T A X I R I
W I Z F T U M R X X T N H S
R E S E R B A S Y O N G V A
```

PALIPARAN
TABING-DAGAT
KAMPING
DAYUHAN
HOLIDAY
HOTEL
ISLA
PAGLALAKBAY
PAGLILIBANG
MAPA
BUNDOK
PASAPORTE
RESERBASYON
RESTAWRAN
DAGAT
TAXI
TOLDA
TREN
VISA

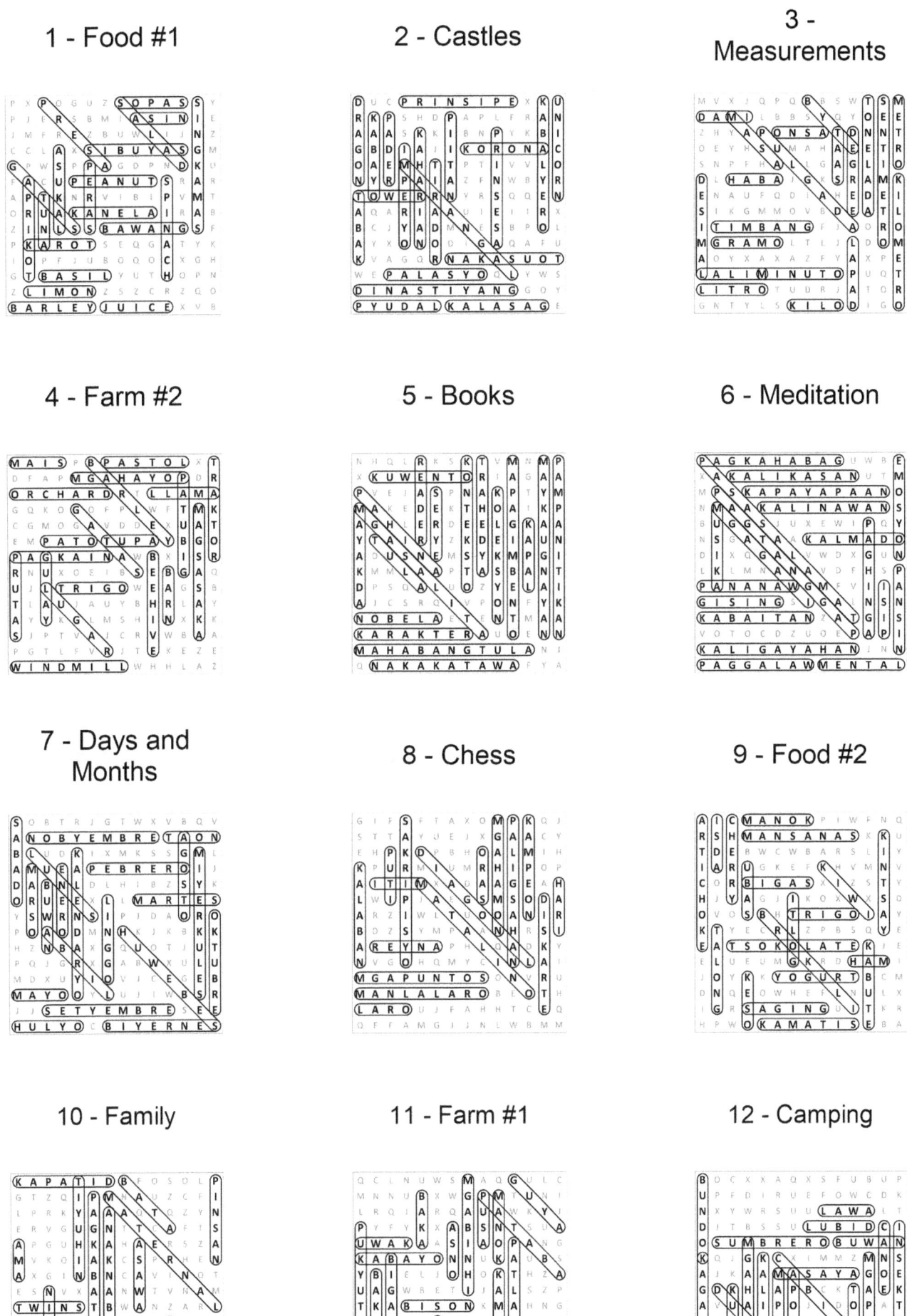

13 - Cats
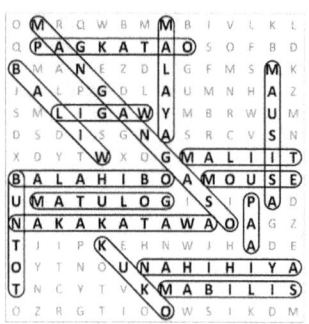

14 - Numbers

15 - Spices
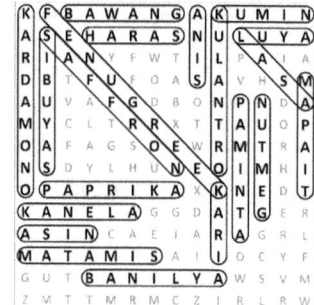

16 - Mammals
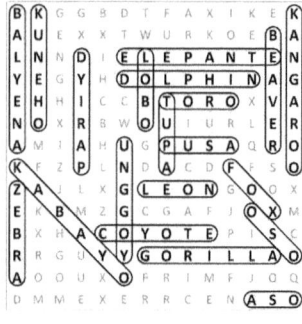

17 - Fishing
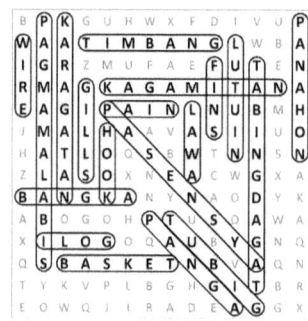

18 - Restaurant #1
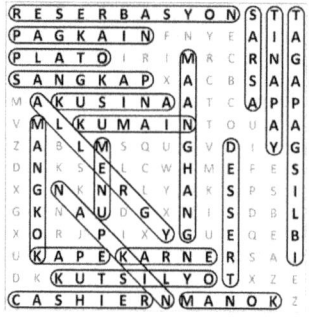

19 - Bees
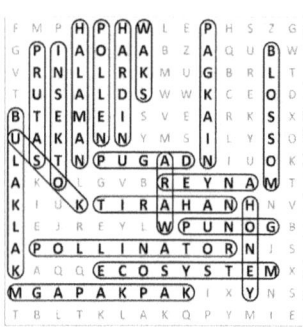

20 - Sports
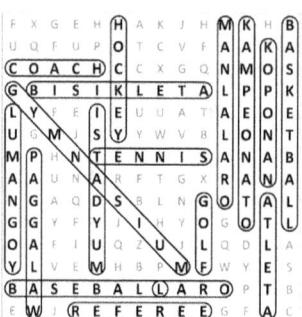

21 - Weather
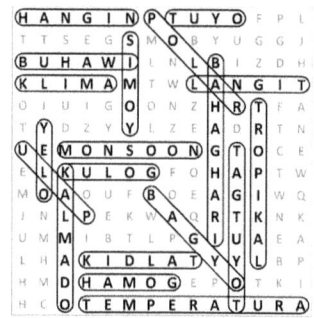

22 - Adventure

23 - Circus
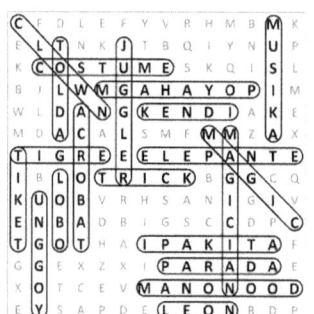

24 - Tools
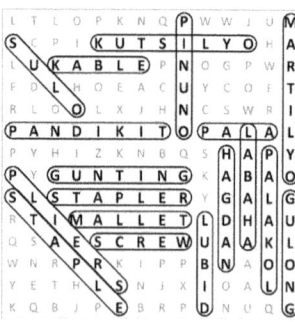

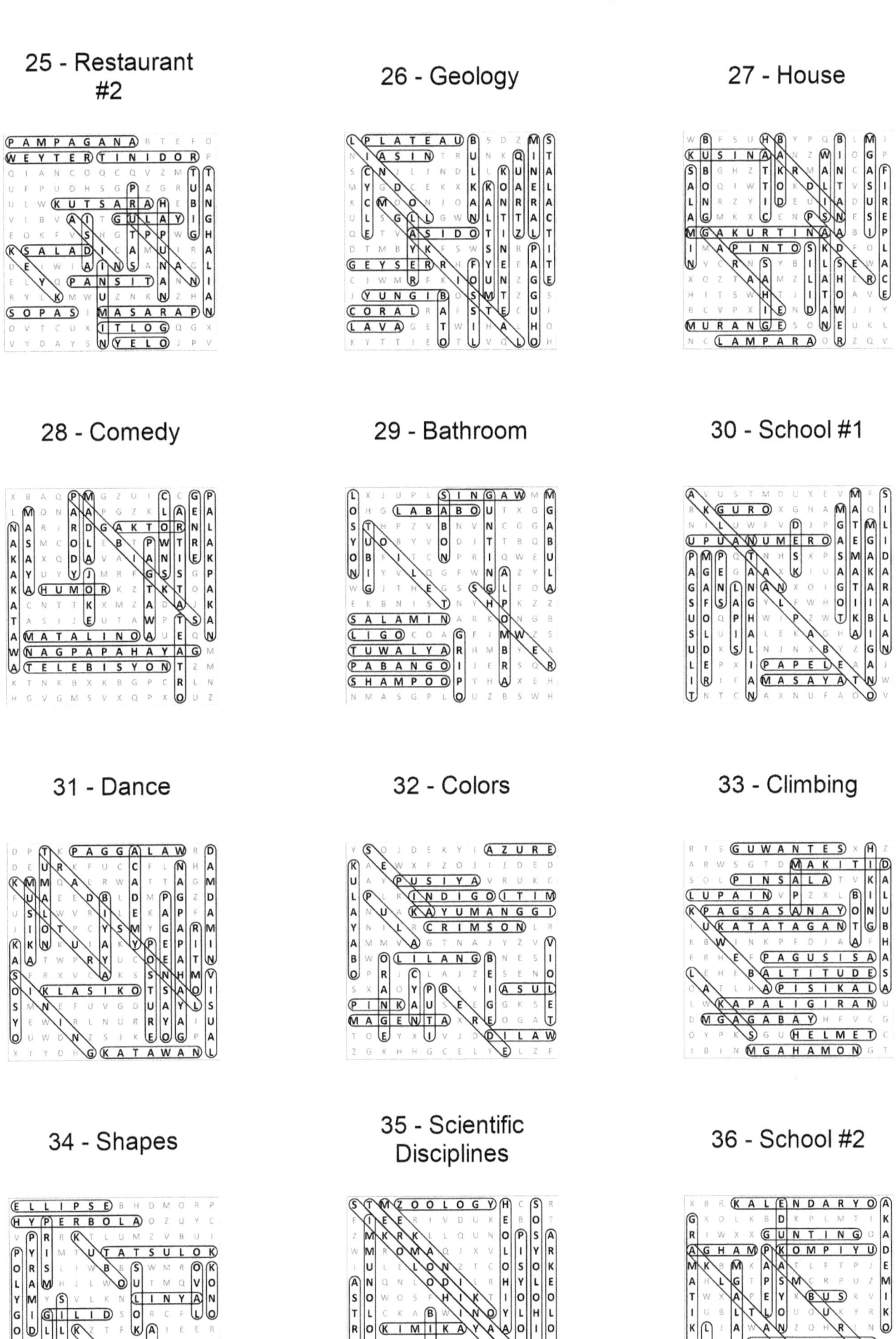

37 - Science
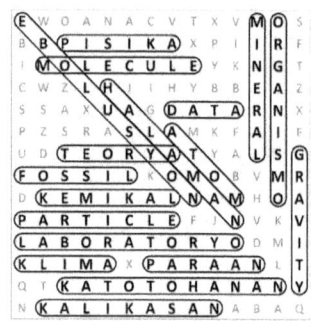

38 - To Fill
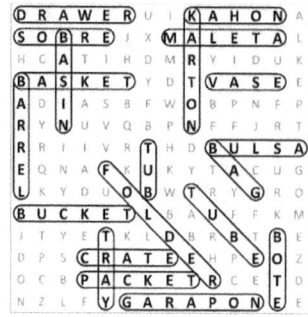

39 - Summer
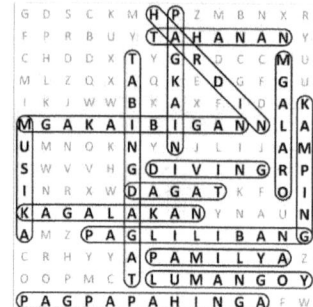

40 - Clothes
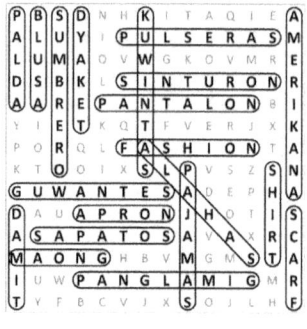

41 - Insects
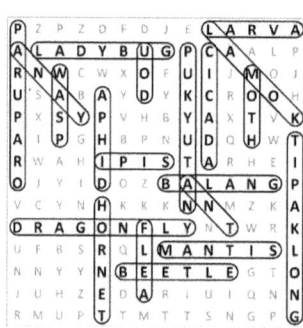

42 - Astronomy
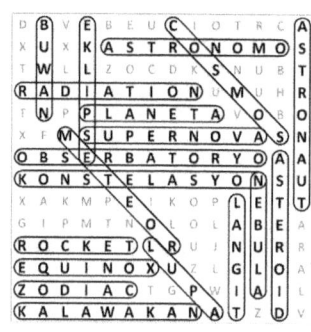

43 - Pirates
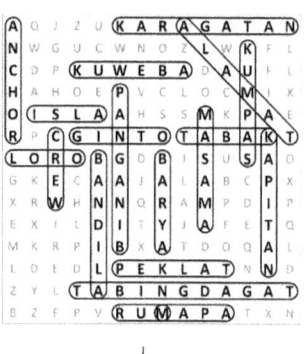

44 - Time
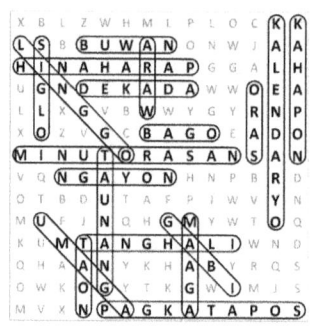

45 - Buildings
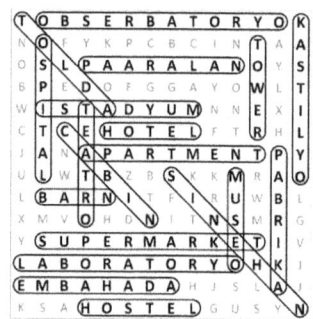

46 - Herbalism
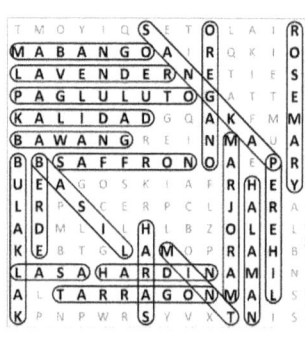

47 - Toys
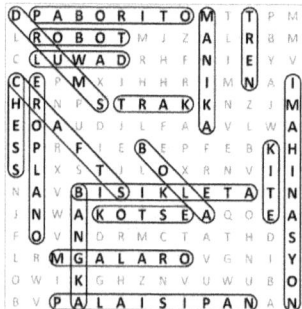

48 - Vehicles
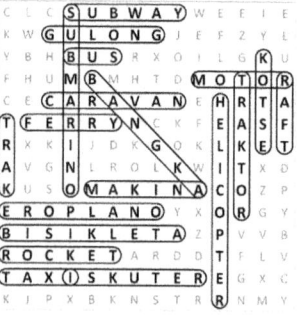

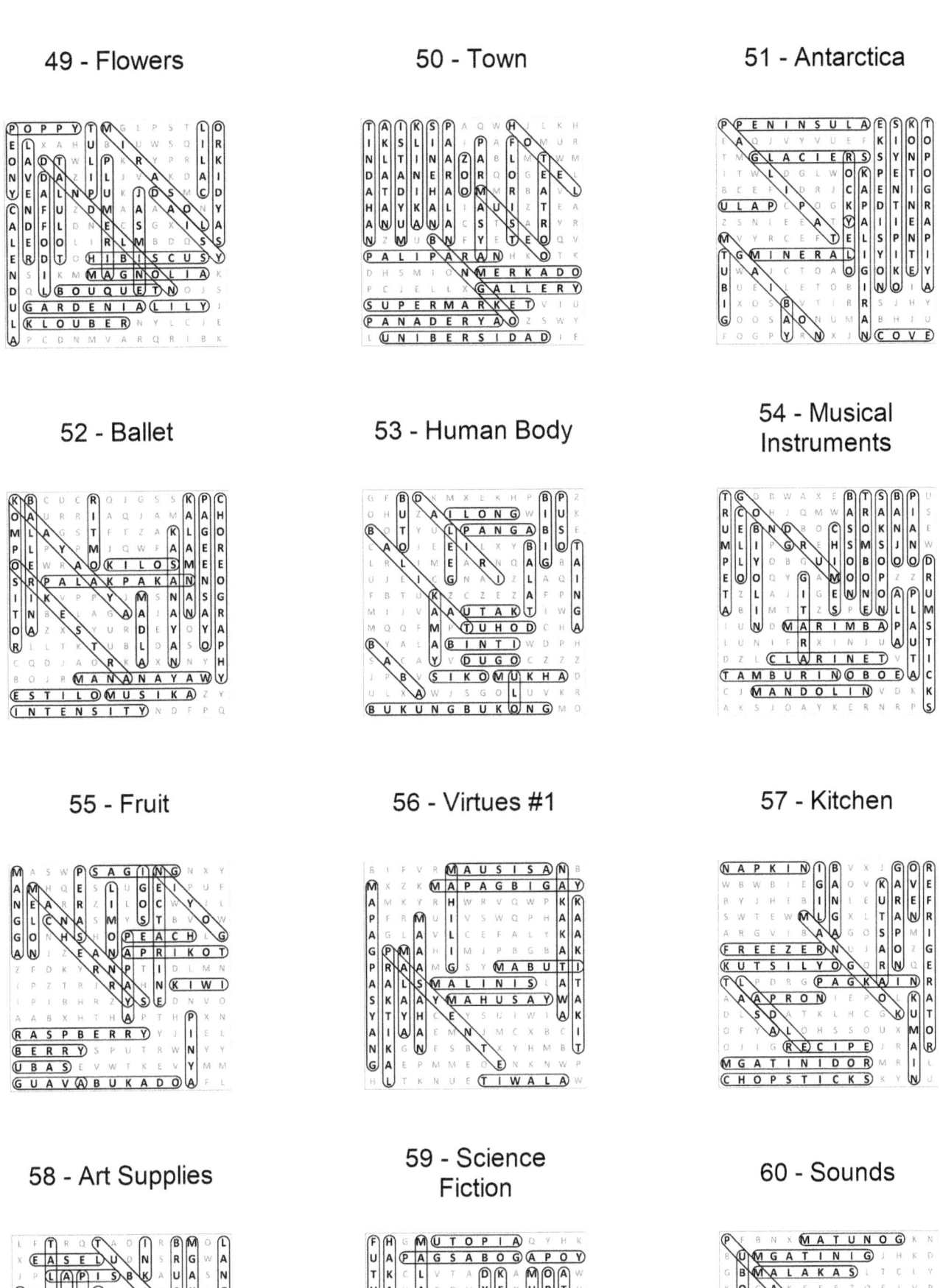

61 - Airplanes

62 - Ocean
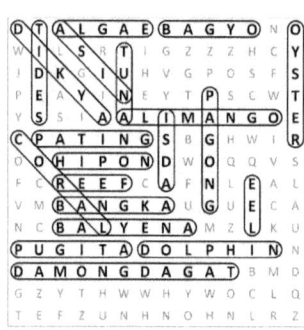

63 - Birds

64 - Art
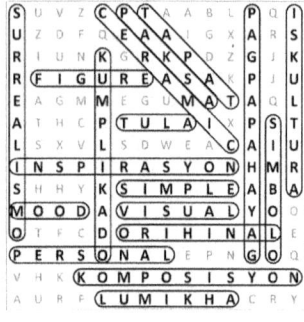

65 - Nutrition

66 - Hiking
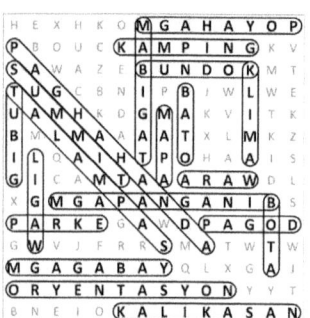

67 - Professions #1
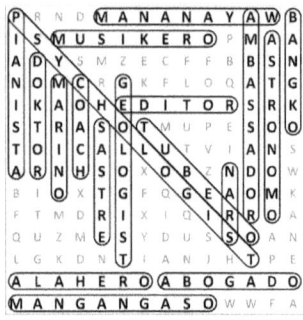

68 - Dinosaurs
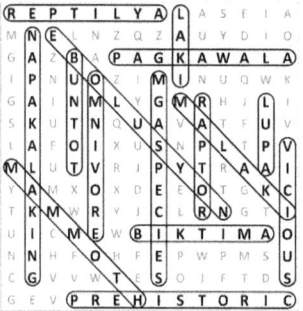

69 - Barbecues
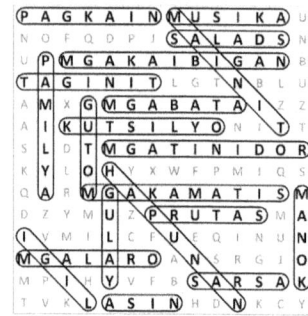

70 - Surfing
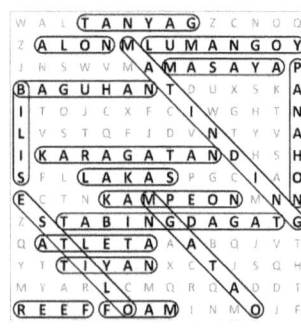

71 - Chocolate
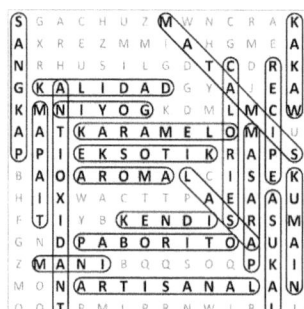

72 - Vegetables

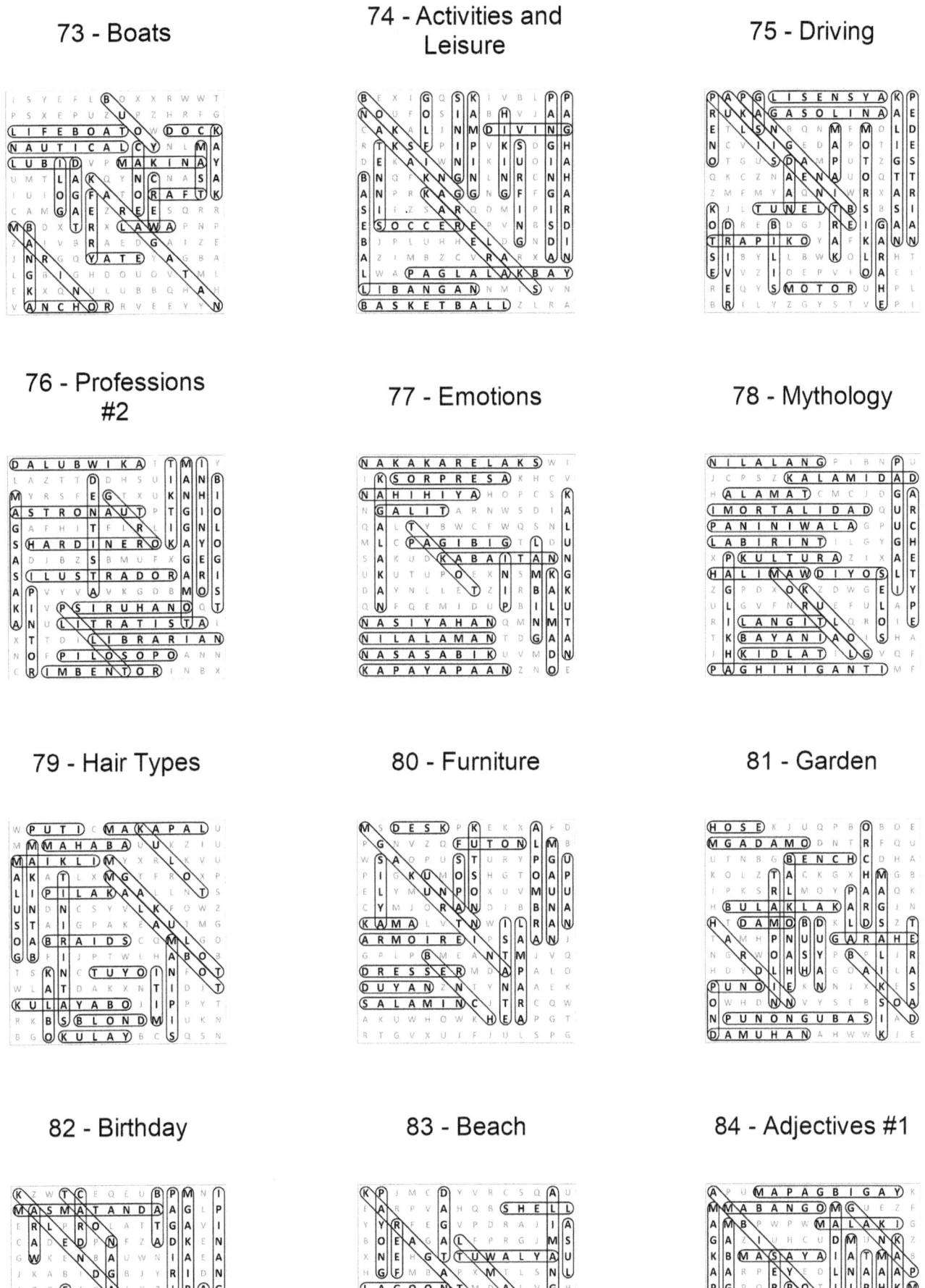

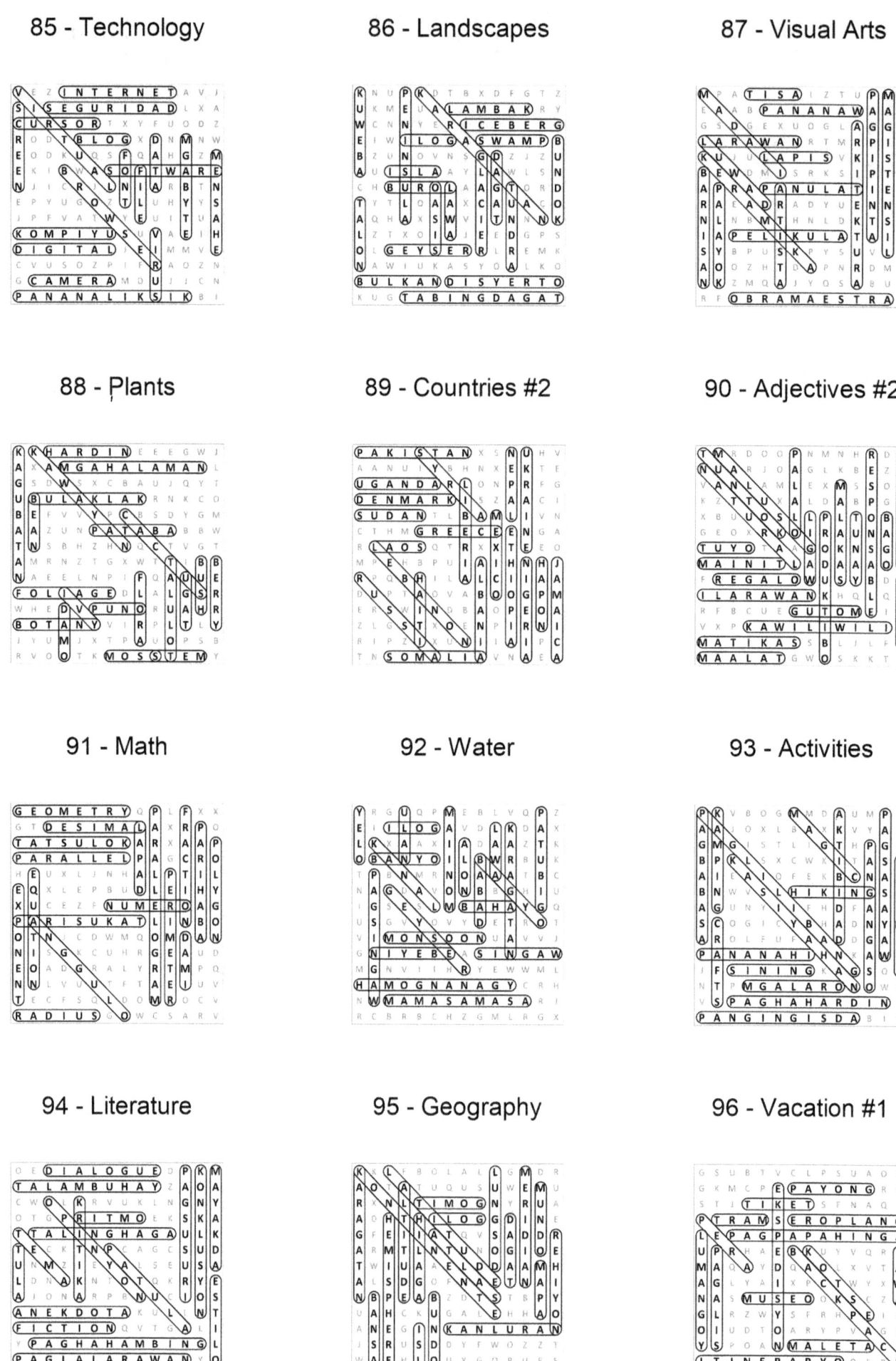

97 - Pets

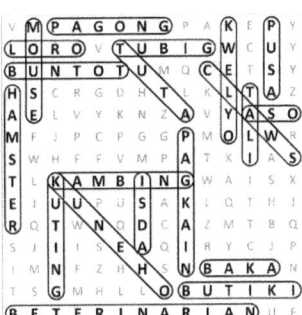

98 - Nature

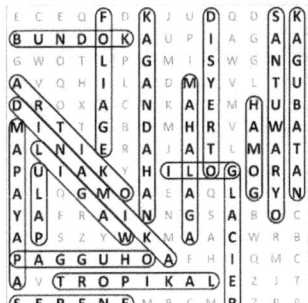

99 - Championship

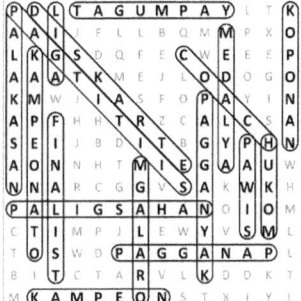

100 - Vacation #2

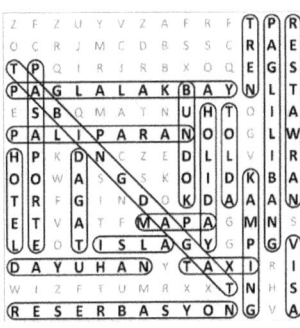

Dictionary

Activities
Mga Aktibidad

Activity	Aktibidad
Art	Sining
Camping	Kamping
Ceramics	Keramika
Crafts	Crafts
Dancing	Pagsasayaw
Fishing	Pangingisda
Games	Mga Laro
Gardening	Paghahardin
Hiking	Hiking
Hunting	Pangangaso
Interests	Interes
Leisure	Paglilibang
Magic	Magic
Photography	Photography
Pleasure	Kasiyahan
Reading	Pagbabasa
Relaxation	Pagpapahinga
Sewing	Pananahi
Skill	Kasanayan

Activities and Leisure
Mga Aktibidad at Libangan

Art	Sining
Baseball	Baseball
Basketball	Basketball
Boxing	Boksing
Camping	Kamping
Diving	Diving
Fishing	Pangingisda
Gardening	Paghahardin
Golf	Golf
Hiking	Hiking
Hobbies	Libangan
Painting	Pagpipinta
Racing	Karera
Relaxing	Nakakarelaks
Soccer	Soccer
Surfing	Surfing
Swimming	Paglangoy
Tennis	Tennis
Travel	Paglalakbay
Volleyball	Volleyball

Adjectives #1
Mga Adjectives #1

Absolute	Ganap
Ambitious	Ambisyoso
Aromatic	Mabango
Artistic	Artistikong
Attractive	Kaakit-Akit
Beautiful	Maganda
Dark	Madilim
Exotic	Eksotik
Generous	Mapagbigay
Happy	Masaya
Heavy	Mabigat
Honest	Tapat
Huge	Malaki
Identical	Magkapareho
Modern	Moderno
Perfect	Perpekto
Serious	Seryoso
Slow	Mabagal
Thin	Manipis
Valuable	Mahalaga

Adjectives #2
Mga Adjectives #2

Authentic	Tunay
Creative	Creative
Descriptive	Ilarawan
Dry	Tuyo
Elegant	Matikas
Famous	Sikat
Gifted	Regalo
Healthy	Malusog
Hot	Mainit
Hungry	Gutom
Interesting	Kawili-Wili
Natural	Natural
New	Bago
Productive	Produktibo
Proud	Palalo
Responsible	Responsable
Salty	Maalat
Sleepy	Tuntok
Strong	Malakas
Wild	Ligaw

Adventure
Pakikipagsapalaran

Activity	Aktibidad
Beauty	Kagandahan
Bravery	Katapangan
Challenges	Mga Hamon
Chance	Pagkakataon
Dangerous	Mapanganib
Destination	Patutunguhan
Difficulty	Kahirapan
Enthusiasm	Sigasig
Excursion	Excursion
Friends	Mga Kaibigan
Itinerary	Itineraryo
Joy	Kagalakan
Nature	Kalikasan
Navigation	Nabigation
New	Bago
Preparation	Paghahanda
Safety	Kaligtasan
Surprising	Nakakagulat
Travels	Paglalakbay

Airplanes
Mga Eroplano

Air	Hangin
Altitude	Altitude
Atmosphere	Kapaligiran
Balloon	Lobo
Construction	Konstruksyon
Crew	Crew
Descent	Panulong
Design	Disenyo
Direction	Direksyon
Engine	Makina
Fuel	Gasolina
Height	Taas
History	Kasaysayan
Hydrogen	Hydrogen
Landing	Landing
Passenger	Pasahero
Pilot	Pilot
Propellers	Mga Propeller
Sky	Langit
Turbulence	Kaguluhan

Antarctica
Antarctica

Bay	Bay
Birds	Mga Ibon
Clouds	Ulap
Conservation	Konserbasyon
Continent	Kontinente
Cove	Cove
Environment	Kapaligiran
Expedition	Ekspedisyon
Geography	Heograpiya
Glaciers	Glaciers
Ice	Yelo
Migration	Paglipat
Minerals	Mineral
Peninsula	Peninsula
Researcher	Mananaliksik
Rocky	Rocky
Scientific	Siyentipiko
Temperature	Temperatura
Topography	Topograpiya
Water	Tubig

Art
Sining

Ceramic	Ceramic
Complex	Kumplikado
Composition	Komposisyon
Create	Lumikha
Expression	Pagpapahayag
Figure	Figure
Honest	Tapat
Inspired	Inspirasyon
Mood	Mood
Original	Orihinal
Personal	Personal
Poetry	Tula
Sculpture	Iskultura
Simple	Simple
Subject	Paksa
Surrealism	Surrealismo
Symbol	Simbolo
Visual	Visual

Art Supplies
Mga Gamit sa Sining

Acrylic	Acrylic
Brushes	Brushes
Camera	Camera
Chair	Upuan
Charcoal	Uling
Clay	Luwad
Colors	Mga Kulay
Easel	Easel
Eraser	Pambura
Glue	Pandikit
Ideas	Mga Ideya
Ink	Ink
Oil	Langis
Paper	Papel
Pastels	Pastels
Pencils	Lapis
Table	Talahanayan
Water	Tubig
Watercolors	Watercolors

Astronomy
Astronomiya

Asteroid	Asteroid
Astronaut	Astronaut
Astronomer	Astronomo
Constellation	Konstelasyon
Cosmos	Cosmos
Earth	Lupa
Eclipse	Eklipse
Equinox	Equinox
Galaxy	Kalawakan
Meteor	Meteor
Moon	Buwan
Nebula	Nebula
Observatory	Obserbatoryo
Planet	Planeta
Radiation	Radiation
Rocket	Rocket
Satellite	Satellite
Sky	Langit
Supernova	Supernova
Zodiac	Zodiac

Ballet
Ballet

Applause	Palakpakan
Artistic	Artistikong
Audience	Madla
Ballerina	Ballerina
Choreography	Choreography
Composer	Kompositor
Dancers	Mananayaw
Expressive	Nagpapahayag
Gesture	Kilos
Graceful	Kaaya-Aya
Intensity	Intensity
Muscles	Kalamnan
Music	Musika
Orchestra	Orkestra
Practice	Pagsasanay
Rehearsal	Pag-Eensayo
Rhythm	Ritmo
Skill	Kasanayan
Style	Estilo
Technique	Pamamaraan

Barbecues
Mga Barbecue

Chicken	Manok
Children	Mga Bata
Dinner	Hapunan
Family	Pamilya
Food	Pagkain
Forks	Mga Tinidor
Friends	Mga Kaibigan
Fruit	Prutas
Games	Mga Laro
Grill	Igil
Hot	Mainit
Hunger	Gutom
Knives	Kutsilyo
Music	Musika
Salads	Salads
Salt	Asin
Sauce	Sarsa
Summer	Tag-Init
Tomatoes	Mga Kamatis
Vegetables	Gulay

Bathroom
Banyo

Bath	Ligo
Bubbles	Mga Bula
Faucet	Gripo
Lotion	Losyon
Mirror	Salamin
Perfume	Pabango
Rug	Alpombra
Scissors	Gunting
Shampoo	Shampoo
Shower	Shower
Sink	Lababo
Soap	Sabon
Steam	Singaw
Toilet	Toilet
Towel	Tuwalya
Water	Tubig

Beach
Tabing-Dagat

Blue	Asul
Coast	Baybayin
Crab	Alimango
Dock	Dock
Island	Isla
Lagoon	Lagoon
Ocean	Karagatan
Reef	Reef
Sailboat	Bangka
Sand	Buhangin
Sea	Dagat
Shells	Shell
Sun	Araw
To Swim	Lumangoy
Towel	Tuwalya
Umbrella	Payong
Vacation	Bakasyon

Bees
Mga Bubuyog

Blossom	Blossom
Ecosystem	Ecosystem
Flowers	Bulaklak
Food	Pagkain
Fruit	Prutas
Garden	Hardin
Habitat	Tirahan
Hive	Pugad
Honey	Honey
Insect	Insekto
Plants	Halaman
Pollen	Pollen
Pollinator	Pollinator
Queen	Reyna
Smoke	Usok
Sun	Araw
Swarm	Punog
Wax	Waks
Wings	Mga Pakpak

Birds
Mga Ibon

Canary	Canary
Chicken	Manok
Crow	Uwak
Cuckoo	Kuku
Duck	Pato
Eagle	Agila
Egg	Itlog
Flamingo	Flamingo
Goose	Gansa
Gull	Gull
Heron	Heron
Ostrich	Ostrich
Parrot	Loro
Peacock	Peacock
Pelican	Pelican
Penguin	Penguin
Sparrow	Maya
Stork	Tagak
Swan	Swan
Toucan	Toucan

Birthday
Kaarawan

Born	Ipinanganak
Cake	Keyk
Calendar	Kalendaryo
Cards	Card
Celebration	Pagdiriwang
Day	Araw
Friends	Mga Kaibigan
Gift	Regalo
Great	Malaki
Happy	Masaya
Joyful	Nagagalak
Older	Mas Matanda
Song	Awit
Special	Espesyal
Time	Oras
Wisdom	Karunungan
Year	Taon
Young	Bata

Boats
Mga Bangka

Anchor	Anchor
Buoy	Buoy
Canoe	Canoe
Crew	Crew
Dock	Dock
Engine	Makina
Ferry	Ferry
Kayak	Kayak
Lake	Lawa
Lifeboat	Lifeboat
Mast	Mast
Nautical	Nautical
Ocean	Karagatan
Raft	Raft
River	Ilog
Rope	Lubid
Sailboat	Bangka
Sailor	Marino
Sea	Dagat
Yacht	Yate

Books
Mga Aklat

Author	May-Akda
Character	Karakter
Collection	Koleksyon
Context	Konteksto
Duality	Kapal
Epic	Mahabang Tula
Historical	Historikal
Humorous	Nakakatawa
Inventive	Mapag-Imbento
Literary	Pampanitikan
Novel	Nobela
Page	Pahina
Poem	Tula
Reader	Reader
Relevant	May Kaugnayan
Series	Serye
Story	Kuwento
Tragic	Trahedya
Words	Mga Salita
Written	Nakasulat

Buildings
Mga Gusali

Apartment	Apartment
Barn	Barn
Cabin	Cabin
Castle	Kastilyo
Cinema	Sinehan
Embassy	Embahada
Factory	Pabrika
Hospital	Ospital
Hostel	Hostel
Hotel	Hotel
Laboratory	Laboratoryo
Museum	Museo
Observatory	Obserbatoryo
School	Paaralan
Stadium	Istadyum
Supermarket	Supermarket
Tent	Tolda
Theater	Teatro
Tower	Tower
University	Unibersidad

Camping
Camping

Animals	Mga Hayop
Cabin	Cabin
Canoe	Canoe
Compass	Kumpas
Equipment	Kagamitan
Fire	Apoy
Forest	Kagubatan
Fun	Masaya
Hammock	Duyan
Hat	Sumbrero
Hunting	Pangangaso
Insect	Insekto
Lake	Lawa
Map	Mapa
Moon	Buwan
Mountain	Bundok
Nature	Kalikasan
Rope	Lubid
Tent	Tolda
Trees	Mga Puno

Castles
Mga Kastilyo

Armor	Nakasuot
Catapult	Tirador
Crown	Korona
Dragon	Dragon
Dungeon	Piitan
Dynasty	Dinastiyang
Empire	Imperyo
Feudal	Pyudal
Horse	Kabayo
Kingdom	Kaharian
Knight	Kabalyero
Noble	Marangal
Palace	Palasyo
Prince	Prinsipe
Princess	Prinsesa
Shield	Kalasag
Sword	Tabak
Tower	Tower
Unicorn	Unicorn
Wall	Pader

Cats
Mga Pusa

Claw	Kuko
Crazy	Baliw
Curious	Mausisa
Fast	Mabilis
Funny	Nakakatawa
Fur	Balahibo
Hunter	Mangangaso
Independent	Malaya
Little	Maliit
Mouse	Mouse
Paw	Paa
Personality	Pagkatao
Shy	Nahihiya
Sleep	Matulog
Tail	Buntot
Wild	Ligaw
Yarn	Magkuwentuhan

Championship
Championship

Champion	Kampeon
Championship	Kampeonato
Coach	Coach
Endurance	Pagtitiis
Finalist	Finalist
Games	Mga Laro
Judge	Hukom
League	Liga
Medal	Medalya
Motivation	Pagganyak
Performance	Pagganap
Perspiration	Pawis
Sports	Palakasan
Strategy	Diskarte
Team	Koponan
Tournament	Paligsahan
Victory	Tagumpay

Chess
Ahedres

Black	Itim
Challenges	Mga Hamon
Champion	Kampeon
Clever	Matalino
Diagonal	Diagonal
Game	Laro
King	Hari
Opponent	Kalaban
Player	Manlalaro
Points	Mga Puntos
Queen	Reyna
Sacrifice	Sakripisyo
Strategy	Diskarte
Time	Oras
Tournament	Paligsahan
White	Puti

Chocolate
Chocolate

Antioxidant	Antioxidant
Aroma	Aroma
Artisanal	Artisanal
Bitter	Mapait
Cacao	Kakaw
Calories	Calories
Candy	Kendi
Caramel	Karamelo
Coconut	Niyog
Delicious	Masarap
Exotic	Eksotik
Favorite	Paborito
Ingredient	Sangkap
Peanuts	Mani
Quality	Kalidad
Recipe	Recipe
Sugar	Asukal
Sweet	Matamis
Taste	Lasa
To Eat	Kumain

Circus
Circus

Acrobat	Acrobat
Animals	Mga Hayop
Balloons	Lobo
Candy	Kendi
Clown	Clown
Costume	Costume
Elephant	Elepante
Juggler	Juggler
Lion	Leon
Magic	Magic
Magician	Magician
Monkey	Unggoy
Music	Musika
Parade	Parada
Show	Ipakita
Spectator	Manonood
Tent	Tolda
Ticket	Tiket
Tiger	Tigre
Trick	Trick

Climbing
Pag-Akyat

Altitude	Altitude
Atmosphere	Kapaligiran
Boots	Bota
Cave	Kuweba
Challenges	Mga Hamon
Curiosity	Pag-Usisa
Expert	Dalubhasa
Gloves	Guwantes
Guides	Mga Gabay
Helmet	Helmet
Hiking	Hiking
Injury	Pinsala
Map	Mapa
Narrow	Makitid
Physical	Pisikal
Stability	Katatagan
Strength	Lakas
Terrain	Lupain
Training	Pagsasanay

Clothes
Mga Damit

Apron	Apron
Belt	Sinturon
Blouse	Blusa
Bracelet	Pulseras
Coat	Amerikana
Dress	Damit
Fashion	Fashion
Gloves	Guwantes
Hat	Sumbrero
Jacket	Dyaket
Jeans	Maong
Jewelry	Alahas
Necklace	Kuwintas
Pajamas	Pajamas
Pants	Pantalon
Scarf	Scarf
Shirt	Shirt
Shoe	Sapatos
Skirt	Palda
Sweater	Panglamig

Colors
Mga Kulay

Azure	Azure
Beige	Beige
Black	Itim
Blue	Asul
Brown	Kayumanggi
Crimson	Crimson
Cyan	Cyan
Fuchsia	Pusiya
Green	Berde
Grey	Kulay-Abo
Indigo	Indigo
Magenta	Magenta
Orange	Orange
Pink	Pink
Purple	Lilang
Red	Pula
Sepia	Sepia
Violet	Violet
White	Puti
Yellow	Dilaw

Comedy
Komedya

Actor	Aktor
Actress	Artista
Applause	Palakpakan
Audience	Madla
Clever	Matalino
Clowns	Clowns
Expressive	Nagpapahayag
Fun	Masaya
Funny	Nakakatawa
Genre	Genre
Humor	Humor
Improvisation	Pagbigkas
Jokes	Joke
Laughter	Pagtawa
Parody	Parody
Television	Telebisyon
Theater	Teatro

Countries #2
Mga Bansa #2

Albania	Albania
Denmark	Denmark
Ethiopia	Ethiopia
Greece	Greece
Haiti	Haiti
Jamaica	Jamaica
Japan	Hapon
Laos	Laos
Lebanon	Lebanon
Liberia	Liberia
Mexico	Mexico
Nepal	Nepal
Nigeria	Nigeria
Pakistan	Pakistan
Russia	Russia
Somalia	Somalia
Sudan	Sudan
Syria	Syria
Uganda	Uganda
Ukraine	Ukraine

Dance
Sayaw

Academy	Academy
Art	Sining
Body	Katawan
Choreography	Choreography
Classical	Klasiko
Culture	Kultura
Emotion	Damdamin
Expressive	Nagpapahayag
Grace	Biyaya
Joyful	Nagagalak
Jump	Tumalon
Movement	Paggalaw
Music	Musika
Partner	Kasosyo
Posture	Posture
Rehearsal	Pag-Eensayo
Rhythm	Ritmo
Traditional	Tradisyonal
Visual	Visual

Days and Months
Mga Araw at Buwan

April	Abril
August	Agosto
Calendar	Kalendaryo
February	Pebrero
Friday	Biyernes
January	Enero
July	Hulyo
March	Marso
May	Mayo
Monday	Lunes
Month	Buwan
November	Nobyembre
October	Oktubre
Saturday	Sabado
September	Setyembre
Sunday	Linggo
Thursday	Huwebes
Tuesday	Martes
Wednesday	Miyerkules
Year	Taon

Dinosaurs
Mga Dinosaur

Carnivore	Carnivore
Disappearance	Pagkawala
Earth	Lupa
Enormous	Napakalaking
Evolution	Ebolusyon
Herbivore	Herbivore
Large	Malaki
Mammoth	Mammoth
Omnivore	Omnivore
Prehistoric	Prehistoric
Prey	Biktima
Raptor	Raptor
Reptile	Reptilya
Size	Laki
Species	Mga Species
Tail	Buntot
Vicious	Vicious
Wings	Mga Pakpak

Driving
Pagmamaneho

Accident	Aksidente
Brakes	Preno
Car	Kotse
Danger	Panganib
Driver	Driver
Fuel	Gasolina
Garage	Garahe
Gas	Gas
License	Lisensya
Map	Mapa
Motor	Motor
Motorcycle	Motorsiklo
Pedestrian	Pedestrian
Police	Pulis
Road	Daan
Safety	Kaligtasan
Speed	Bilis
Traffic	Trapiko
Truck	Trak
Tunnel	Tunel

Emotions
Mga Emosyon

Anger	Galit
Boredom	Inip
Calm	Kalmado
Content	Nilalaman
Embarrassed	Nahihiya
Excited	Nasasabik
Fear	Takot
Joy	Kagalakan
Kindness	Kabaitan
Love	Pag-Ibig
Peace	Kapayapaan
Relaxed	Nakakarelaks
Sadness	Kalungkutan
Satisfied	Nasiyahan
Surprise	Sorpresa
Sympathy	Pakikiramay
Tenderness	Lambing
Tranquility	Katahimikan

Family
Pamilya

Ancestor	Ninuno
Aunt	Tiya
Brother	Kapatid
Child	Bata
Childhood	Pagkabata
Children	Mga Bata
Cousin	Pinsan
Daughter	Anak na Babae
Grandchild	Apo
Grandfather	Lolo
Grandmother	Lola
Husband	Asawa
Maternal	Maternal
Mother	Ina
Nephew	Pamangkin
Paternal	Ama
Twins	Twins
Uncle	Tiyuhin

Farm #1
Bukid #1

Agriculture	Agrikultura
Bee	Pukyutan
Bison	Bison
Calf	Guya
Cat	Pusa
Chicken	Manok
Cow	Baka
Crow	Uwak
Dog	Aso
Donkey	Asno
Fence	Bakod
Fertilizer	Pataba
Field	Patlang
Goat	Kambing
Hay	Hay
Honey	Honey
Horse	Kabayo
Rice	Bigas
Seeds	Mga Binhi
Water	Tubig

Farm #2
Bukid #2

Animals	Mga Hayop
Barley	Barley
Barn	Barn
Beehive	Beehive
Corn	Mais
Duck	Pato
Farmer	Magsasaka
Food	Pagkain
Fruit	Prutas
Irrigation	Patubig
Llama	Llama
Meadow	Lugar
Milk	Gatas
Orchard	Orchard
Sheep	Tupa
Shepherd	Pastol
Tractor	Traktor
Vegetable	Gulay
Wheat	Trigo
Windmill	Windmill

Fishing
Pangingisda

Bait	Pain
Basket	Basket
Beach	Tabing-Dagat
Boat	Bangka
Cook	Lutuin
Equipment	Kagamitan
Exaggeration	Pagmamalabis
Fins	Fins
Gills	Gills
Hook	Hook
Jaw	Panga
Lake	Lawa
Ocean	Karagatan
Patience	Pasensya
River	Ilog
Season	Panahon
Water	Tubig
Weight	Timbang
Wire	Wire

Flowers
Mga Bulaklak

Bouquet	Bouquet
Calendula	Calendula
Clover	Klouber
Daffodil	Daffodil
Daisy	Daisy
Dandelion	Dandelion
Gardenia	Gardenia
Hibiscus	Hibiscus
Jasmine	Jasmine
Lavender	Lavender
Lilac	Lilac
Lily	Lily
Magnolia	Magnolia
Orchid	Orkidyas
Peony	Peony
Petal	Talulot
Plumeria	Plumeria
Poppy	Poppy
Sunflower	Mirasol
Tulip	Tulip

Food #1
Pagkain #1

Apricot	Aprikot
Barley	Barley
Basil	Basil
Carrot	Karot
Cinnamon	Kanela
Garlic	Bawang
Juice	Juice
Lemon	Limon
Milk	Gatas
Onion	Sibuyas
Peanut	Peanut
Pear	Peras
Salad	Salad
Salt	Asin
Soup	Sopas
Spinach	Spinach
Strawberry	Presa
Sugar	Asukal
Tuna	Tuna
Turnip	Singkamas

Food #2
Pagkain #2

Apple	Mansanas
Artichoke	Artichoke
Banana	Saging
Broccoli	Brokuli
Celery	Kintsay
Cheese	Keso
Cherry	Cherry
Chicken	Manok
Chocolate	Tsokolate
Egg	Itlog
Eggplant	Talong
Fish	Isda
Grape	Ubas
Ham	Ham
Kiwi	Kiwi
Mushroom	Kabute
Rice	Bigas
Tomato	Kamatis
Wheat	Trigo
Yogurt	Yogurt

Fruit
Prutas

Apple	Mansanas
Apricot	Aprikot
Avocado	Abukado
Banana	Saging
Berry	Berry
Cherry	Cherry
Coconut	Niyog
Fig	Igos
Grape	Ubas
Guava	Guava
Kiwi	Kiwi
Lemon	Limon
Mango	Mangga
Melon	Melon
Nectarine	Nectarine
Papaya	Papaya
Peach	Peach
Pear	Peras
Pineapple	Pinya
Raspberry	Raspberry

Furniture
Furniture

Armchair	Silya
Armoire	Armoire
Bed	Kama
Bench	Bench
Chair	Upuan
Couch	Sopa
Curtains	Mga Kurtina
Cushions	Mga Unan
Desk	Desk
Dresser	Dresser
Futon	Futon
Hammock	Duyan
Lamp	Lampara
Mattress	Kutson
Mirror	Salamin
Pillow	Unan
Rug	Alpombra
Shelves	Istante

Garden
Hardin

Bench	Bench
Bush	Bush
Fence	Bakod
Flower	Bulaklak
Garage	Garahe
Garden	Hardin
Grass	Damo
Hammock	Duyan
Hose	Hose
Lawn	Damuhan
Orchard	Orchard
Pond	Pond
Porch	Balkonahe
Rake	Magsaliksik
Shovel	Pala
Terrace	Terasa
Trampoline	Trampolin
Tree	Puno
Vine	Puno ng Ubas
Weeds	Mga Damo

Geography
Heograpiya

Altitude	Altitude
Atlas	Atlas
City	Lungsod
Continent	Kontinente
Country	Bansa
Hemisphere	Hemisphere
Island	Isla
Latitude	Latitude
Map	Mapa
Meridian	Meridian
Mountain	Bundok
North	Hilaga
Ocean	Karagatan
Region	Rehiyon
River	Ilog
Sea	Dagat
South	Timog
Territory	Teritoryo
West	Kanluran
World	Mundo

Geology
Geolohiya

Acid	Asido
Calcium	Kaltsyum
Cavern	Yungib
Continent	Kontinente
Coral	Coral
Crystals	Mga Kristal
Cycles	Cycle
Earthquake	Lindol
Erosion	Pagguho
Fossil	Fossil
Geyser	Geyser
Lava	Lava
Layer	Layer
Minerals	Mineral
Plateau	Plateau
Quartz	Quartz
Salt	Asin
Stalactite	Stalactite
Stone	Bato
Volcano	Bulkan

Hair Types
Mga uri ng Buhok

Bald	Kalbo
Black	Itim
Blond	Blond
Braided	Tinirintas
Braids	Braids
Brown	Kayumanggi
Colored	Kulay
Curls	Mga Kulot
Curly	Kulot
Dry	Tuyo
Gray	Kulay-Abo
Healthy	Malusog
Long	Mahaba
Shiny	Makintab
Short	Maikli
Silver	Pilak
Soft	Malambot
Thick	Makapal
Thin	Manipis
White	Puti

Herbalism
Herbalismo

Aromatic	Mabango
Basil	Basil
Culinary	Pagluluto
Fennel	Haras
Flavor	Lasa
Flower	Bulaklak
Garden	Hardin
Garlic	Bawang
Green	Berde
Ingredient	Sangkap
Lavender	Lavender
Marjoram	Marjoram
Mint	Mint
Oregano	Oregano
Parsley	Perehil
Plant	Halaman
Quality	Kalidad
Rosemary	Rosemary
Saffron	Saffron
Tarragon	Tarragon

Hiking
Paglalakad

Animals	Mga Hayop
Boots	Bota
Camping	Kamping
Cliff	Talampas
Climate	Klima
Guides	Mga Gabay
Hazards	Mga Panganib
Heavy	Mabigat
Map	Mapa
Mountain	Bundok
Nature	Kalikasan
Orientation	Oryentasyon
Parks	Parke
Preparation	Paghahanda
Stones	Bato
Summit	Summit
Sun	Araw
Tired	Pagod
Water	Tubig
Wild	Ligaw

House
Bahay

Attic	Attic
Broom	Walis
Curtains	Mga Kurtina
Door	Pinto
Fence	Bakod
Fireplace	Fireplace
Floor	Sahig
Furniture	Murange
Garage	Garahe
Garden	Hardin
Keys	Mga Susi
Kitchen	Kusina
Lamp	Lampara
Library	Aklatan
Mirror	Salamin
Roof	Bubong
Room	Silid
Shower	Shower
Wall	Pader
Window	Bintana

Human Body
Katawan ng Tao

Ankle	Bukung-Bukong
Blood	Dugo
Bones	Buto
Brain	Utak
Chin	Baba
Ear	Tainga
Elbow	Siko
Face	Mukha
Finger	Daliri
Hand	Kamay
Head	Ulo
Heart	Puso
Jaw	Panga
Knee	Tuhod
Leg	Binti
Mouth	Bibig
Neck	Leeg
Nose	Ilong
Shoulder	Balikat
Skin	Balat

Insects
Mga Insekto

Ant	Ant
Aphid	Aphid
Bee	Pukyutan
Beetle	Beetle
Butterfly	Paruparo
Cicada	Cicada
Cockroach	Ipis
Dragonfly	Dragonfly
Flea	Flea
Grasshopper	Tipaklong
Hornet	Hornet
Ladybug	Ladybug
Larva	Larva
Locust	Balang
Mantis	Mantis
Mosquito	Lamok
Moth	Moth
Termite	Anay
Wasp	Wasp
Worm	Uod

Kitchen
Kusina

Apron	Apron
Bowl	Mangkok
Chopsticks	Chopsticks
Cups	Tasa
Food	Pagkain
Forks	Mga Tinidor
Freezer	Freezer
Grill	Igil
Jar	Garapon
Jug	Banga
Knives	Kutsilyo
Ladle	Ladle
Napkin	Napkin
Oven	Oven
Recipe	Recipe
Refrigerator	Refrigerator
Spoons	Kutsara
To Eat	Kumain

Landscapes
Mga Landscape

Beach	Tabing-Dagat
Cave	Kuweba
Desert	Disyerto
Geyser	Geyser
Glacier	Glacier
Hill	Burol
Iceberg	Iceberg
Island	Isla
Lake	Lawa
Mountain	Bundok
Oasis	Oasis
Ocean	Karagatan
Peninsula	Peninsula
River	Ilog
Sea	Dagat
Swamp	Swamp
Tundra	Tundra
Valley	Lambak
Volcano	Bulkan
Waterfall	Talon

Literature
Panitikan

Analogy	Pagkakatulad
Analysis	Pagsusuri
Anecdote	Anekdota
Author	May-Akda
Biography	Talambuhay
Comparison	Paghahambing
Conclusion	Konklusyon
Critique	Kritika
Description	Paglalarawan
Dialogue	Dialogue
Fiction	Fiction
Metaphor	Talinghaga
Novel	Nobela
Opinion	Opinyon
Poem	Tula
Poetic	Patula
Rhythm	Ritmo
Style	Estilo
Theme	Tema
Tragedy	Trahedya

Mammals
Mga Mamalya

Bear	Oso
Beaver	Beaver
Bull	Toro
Cat	Pusa
Coyote	Coyote
Dog	Aso
Dolphin	Dolphin
Elephant	Elepante
Fox	Fox
Giraffe	Dyirap
Gorilla	Gorilla
Horse	Kabayo
Kangaroo	Kangaroo
Lion	Leon
Monkey	Unggoy
Rabbit	Kuneho
Sheep	Tupa
Whale	Balyena
Wolf	Lobo
Zebra	Zebra

Math
Matematika

Angles	Anggulo
Arithmetic	Aritmetika
Circumference	Circumference
Decimal	Desimal
Diameter	Lapad
Equation	Equation
Exponent	Exponent
Fraction	Fraction
Geometry	Geometry
Numbers	Numero
Parallel	Parallel
Parallelogram	Parallelogram
Perimeter	Perimeter
Polygon	Polygon
Radius	Radius
Rectangle	Parihaba
Square	Parisukat
Symmetry	Symmetry
Triangle	Tatsulok
Volume	Dami

Measurements
Mga Sukat

Byte	Byte
Centimeter	Sentimetro
Decimal	Desimal
Degree	Degree
Depth	Lalim
Gram	Gramo
Height	Taas
Inch	Pulgada
Kilogram	Kilo
Kilometer	Kilometro
Length	Haba
Liter	Litro
Mass	Masa
Meter	Metro
Minute	Minuto
Ounce	Onsa
Ton	Tonelada
Volume	Dami
Weight	Timbang
Width	Lapad

Meditation
Pagmumuni-Muni

Acceptance	Pagtanggap
Attention	Pansin
Awake	Gising
Breathing	Paghinga
Calm	Kalmado
Clarity	Kalinawan
Compassion	Pagkahabag
Emotions	Emosyon
Gratitude	Pasasalamat
Habits	Mga Gawi
Happiness	Kaligayahan
Kindness	Kabaitan
Mental	Mental
Mind	Isip
Movement	Paggalaw
Music	Musika
Nature	Kalikasan
Peace	Kapayapaan
Perspective	Pananaw
Silence	Katahimikan

Musical Instruments
Mga Instrumentong Pangmu

Banjo	Banjo
Bassoon	Bassoon
Cello	Cello
Chimes	Chimes
Clarinet	Clarinet
Drum	Drum
Drumsticks	Drumsticks
Flute	Plauta
Gong	Gong
Guitar	Gitara
Harp	Alpa
Mandolin	Mandolin
Marimba	Marimba
Oboe	Oboe
Piano	Piano
Saxophone	Saksopon
Tambourine	Tamburin
Trombone	Trombone
Trumpet	Trumpeta
Violin	Biyolin

Mythology
Mitolohiya

Archetype	Archetype
Behavior	Pag-Uugali
Beliefs	Paniniwala
Creation	Paglikha
Creature	Nilalang
Culture	Kultura
Deities	Diyos
Disaster	Kalamidad
Heaven	Langit
Hero	Bayani
Immortality	Imortalidad
Jealousy	Selos
Labyrinth	Labirint
Legend	Alamat
Lightning	Kidlat
Monster	Halimaw
Mortal	Mortal
Revenge	Paghihiganti
Thunder	Kulog
Warrior	Mandirigma

Nature
Kalikasan

Animals	Mga Hayop
Arctic	Artiko
Beauty	Kagandahan
Bees	Mga Bubuyog
Clouds	Ulap
Desert	Disyerto
Dynamic	Dinamika
Erosion	Pagguho
Fog	Hamog
Foliage	Foliage
Forest	Kagubatan
Glacier	Glacier
Mountains	Bundok
Peaceful	Mapayapa
River	Ilog
Sanctuary	Santuwaryo
Serene	Serene
Tropical	Tropikal
Vital	Mahalaga
Wild	Ligaw

Numbers
Mga Numero

Decimal	Desimal
Eight	Walo
Eighteen	Labing-Walo
Fifteen	Labinlima
Five	Lima
Four	Apat
Fourteen	Labing-Apat
Nine	Siyam
Nineteen	Labinsiyam
One	Isa
Seven	Pito
Seventeen	Labimpito
Six	Anim
Sixteen	Labing-Anim
Ten	Sampu
Thirteen	Labintatlo
Three	Tatlo
Twelve	Labindalawa
Twenty	Dalawampu
Two	Dalawa

Nutrition
Nutrisyon

Appetite	Gana
Balanced	Balanse
Bitter	Mapait
Calories	Calories
Carbohydrates	Carbohydrates
Diet	Diyeta
Digestion	Digestion
Edible	Nakakain
Fermentation	Pagbuburo
Flavor	Lasa
Habits	Mga Gawi
Health	Kalusugan
Healthy	Malusog
Nutrient	Masustansya
Proteins	Protina
Quality	Kalidad
Sauce	Sarsa
Toxin	Lason
Vitamin	Bitamina
Weight	Timbang

Ocean
Karagatan

Algae	Algae
Boat	Bangka
Coral	Coral
Crab	Alimango
Dolphin	Dolphin
Eel	Eel
Fish	Isda
Jellyfish	Dikya
Octopus	Pugita
Oyster	Oyster
Reef	Reef
Salt	Asin
Seaweed	Damong-Dagat
Shark	Pating
Shrimp	Hipon
Storm	Bagyo
Tides	Tides
Tuna	Tuna
Turtle	Pagong
Whale	Balyena

Pets
Mga Alagang Hayop

Cat	Pusa
Claws	Claws
Collar	Kwelyo
Cow	Baka
Dog	Aso
Fish	Isda
Food	Pagkain
Goat	Kambing
Hamster	Hamster
Kitten	Kuting
Leash	Tali
Lizard	Butiki
Mouse	Mouse
Parrot	Loro
Puppy	Tuta
Rabbit	Kuneho
Tail	Buntot
Turtle	Pagong
Veterinarian	Beterinarian
Water	Tubig

Pirates
Mga Pirata

Anchor	Anchor
Bad	Masama
Beach	Tabing-Dagat
Captain	Kapitan
Cave	Kuweba
Coins	Barya
Compass	Kumpas
Crew	Crew
Danger	Panganib
Flag	Bandila
Gold	Ginto
Island	Isla
Legend	Alamat
Map	Mapa
Ocean	Karagatan
Parrot	Loro
Rum	Rum
Scar	Peklat
Sword	Tabak
Treasure	Kayamanan

Plants
Mga Halaman

Bamboo	Kawayan
Bean	Bean
Berry	Berry
Botany	Botany
Bush	Bush
Cactus	Cactus
Fertilizer	Pataba
Flora	Flora
Flower	Bulaklak
Foliage	Foliage
Forest	Kagubatan
Garden	Hardin
Grass	Damo
Ivy	Ivy
Moss	Moss
Petal	Talulot
Root	Ugat
Stem	Stem
Tree	Puno
Vegetation	Mga Halaman

Professions #1
Mga Propesyon #1

Ambassador	Ambassador
Astronomer	Astronomo
Attorney	Abogado
Banker	Bangko
Cartographer	Kartograpo
Coach	Coach
Dancer	Mananayaw
Doctor	Doktor
Editor	Editor
Geologist	Geologist
Hunter	Mangangaso
Jeweler	Alahero
Musician	Musikero
Nurse	Nars
Pianist	Pianista
Plumber	Tubero
Psychologist	Psychologist
Sailor	Marino
Tailor	Sastre
Veterinarian	Beterinarian

Professions #2
Mga Propesyon #2

Astronaut	Astronaut
Biologist	Biologist
Dentist	Dentista
Detective	Tiktik
Engineer	Inhinyero
Farmer	Magsasaka
Gardener	Hardinero
Illustrator	Ilustrador
Inventor	Imbentor
Journalist	Mamamahayag
Librarian	Librarian
Linguist	Dalubwika
Painter	Pintor
Philosopher	Pilosopo
Photographer	Litratista
Physician	Manggagamot
Pilot	Pilot
Surgeon	Siruhano
Teacher	Guro
Zoologist	Zoologist

Restaurant #1
Restaurant #1

Allergy	Allergy
Bowl	Mangkok
Bread	Tinapay
Cashier	Cashier
Chicken	Manok
Coffee	Kape
Dessert	Dessert
Food	Pagkain
Ingredients	Sangkap
Kitchen	Kusina
Knife	Kutsilyo
Meat	Karne
Menu	Menu
Napkin	Napkin
Plate	Plato
Reservation	Reserbasyon
Sauce	Sarsa
Spicy	Maanghang
To Eat	Kumain
Waitress	Tagapagsilbi

Restaurant #2
Restaurant #2

Appetizer	Pampagana
Beverage	Inumin
Cake	Keyk
Chair	Upuan
Delicious	Masarap
Dinner	Hapunan
Eggs	Itlog
Fish	Isda
Fork	Tinidor
Fruit	Prutas
Ice	Yelo
Lunch	Tanghalian
Noodles	Pansit
Salad	Salad
Salt	Asin
Soup	Sopas
Spoon	Kutsara
Vegetables	Gulay
Waiter	Weyter
Water	Tubig

School #1
Paaralan #1

Alphabet	Alpabeto
Answers	Mga Sagot
Chair	Upuan
Classroom	Silid-Aralan
Desk	Desk
Folders	Mga Folder
Friends	Mga Kaibigan
Fun	Masaya
Library	Aklatan
Lunch	Tanghalian
Math	Matematika
Numbers	Numero
Paper	Papel
Pencil	Lapis
Pens	Pens
Quiz	Pagsusulit
Teacher	Guro

School #2
Paaralan #2

Academic	Akademiko
Activities	Mga Aktibidad
Backpack	Backpack
Bus	Bus
Calendar	Kalendaryo
Computer	Kompiyu
Dictionary	Diksyunaryo
Education	Edukasyon
Eraser	Pambura
Friends	Mga Kaibigan
Games	Mga Laro
Grammar	Gramatika
Library	Aklatan
Literature	Panitikan
Math	Matematika
Paper	Papel
Pencil	Lapis
Science	Agham
Scissors	Gunting
Teacher	Guro

Science
Agham

Atom	Atom
Chemical	Kemikal
Climate	Klima
Data	Data
Evolution	Ebolusyon
Experiment	Eksperimento
Fact	Katotohanan
Fossil	Fossil
Gravity	Gravity
Hypothesis	Teorya
Laboratory	Laboratoryo
Method	Paraan
Minerals	Mineral
Molecules	Molecule
Nature	Kalikasan
Organism	Organismo
Particles	Particle
Physics	Pisika
Plants	Halaman
Scientist	Siyentipiko

Science Fiction
Fiction sa Agham

Atomic	Atomic
Chemicals	Kemikal
Cinema	Sinehan
Distant	Malayo
Dystopia	Dystopia
Explosion	Pagsabog
Extreme	Matinding
Fire	Apoy
Futuristic	Futuristic
Galaxy	Kalawakan
Illusion	Ilusyon
Imaginary	Haka-Haka
Mysterious	Mahiwaga
Oracle	Oracle
Planet	Planeta
Robots	Robot
Scenario	Sitwasyon
Technology	Teknolohiya
Utopia	Utopia
World	Mundo

Scientific Disciplines
Mga Disiplinang Pang-Agh

Anatomy	Anatomiya
Archaeology	Arkeolohiya
Astronomy	Astronomy
Biochemistry	Biochemistry
Biology	Biology
Botany	Botany
Chemistry	Kimika
Ecology	Ekolohiya
Geology	Heolohiya
Immunology	Immunology
Kinesiology	Kinesiology
Linguistics	Linggwistika
Mechanics	Mekaniko
Mineralogy	Mineralogy
Neurology	Neurolohiya
Physiology	Pisyolohiya
Psychology	Sikolohiya
Sociology	Sosyolohiya
Thermodynamics	Termodinamika
Zoology	Zoology

Shapes
Mga Hugis

Arc	Arc
Circle	Bilog
Cone	Kono
Corner	Sulok
Cube	Kubo
Curve	Kurba
Cylinder	Silindro
Ellipse	Ellipse
Hyperbola	Hyperbola
Line	Linya
Oval	Oval
Polygon	Polygon
Prism	Prism
Pyramid	Pyramid
Rectangle	Parihaba
Side	Gilid
Sphere	Globo
Square	Parisukat
Triangle	Tatsulok

Sounds
Mga Tunog

Bell	Bell
Chorus	Koro
Clap	Pumalakpak
Concert	Konsiyerto
Cough	Ubo
Echo	Echo
Groan	Daing
Laughter	Pagtawa
Loud	Malakas
Noisy	Maingay
Repetitive	Paulit-Ulit
Resonant	Matunog
Sirens	Sirens
Vibration	Vibration
Voices	Mga Tinig
Whisper	Bulong
Whistle	Sipol

Spices
Mga Pampalasa

Anise	Anis
Bitter	Mapait
Cardamom	Kardamono
Cinnamon	Kanela
Coriander	Kulantro
Cumin	Kumin
Curry	Kari
Fennel	Haras
Fenugreek	Fenugreek
Flavor	Lasa
Garlic	Bawang
Ginger	Luya
Nutmeg	Nutmeg
Onion	Sibuyas
Paprika	Paprika
Pepper	Paminta
Saffron	Saffron
Salt	Asin
Sweet	Matamis
Vanilla	Banilya

Sports
Palakasan

Athlete	Atleta
Baseball	Baseball
Basketball	Basketball
Bicycle	Bisikleta
Championship	Kampeonato
Coach	Coach
Game	Laro
Golf	Golf
Gymnasium	Gymnasium
Gymnastics	Himnastiko
Hockey	Hockey
Movement	Paggalaw
Player	Manlalaro
Referee	Referee
Stadium	Istadyum
Team	Koponan
Tennis	Tennis
To Swim	Lumangoy
Winner	Nagwagi

Summer
Tag-Init

Beach	Tabing-Dagat
Camping	Kamping
Diving	Diving
Family	Pamilya
Food	Pagkain
Friends	Mga Kaibigan
Games	Mga Laro
Garden	Hardin
Home	Tahanan
Joy	Kagalakan
Leisure	Paglilibang
Music	Musika
Relaxation	Pagpapahinga
Sea	Dagat
Stars	Mga Bituin
To Swim	Lumangoy
Travel	Paglalakbay
Vacation	Bakasyon

Surfing
Surfing

Athlete	Atleta
Beach	Tabing-Dagat
Beginner	Baguhan
Champion	Kampeon
Crowds	Mga Tao
Extreme	Matinding
Foam	Foam
Fun	Masaya
Ocean	Karagatan
Popular	Tanyag
Reef	Reef
Speed	Bilis
Stomach	Tiyan
Strength	Lakas
Style	Estilo
To Swim	Lumangoy
Wave	Alon
Weather	Panahon

Technology
Teknolohiya

Blog	Blog
Browser	Browser
Bytes	Mga Byte
Camera	Camera
Computer	Kompiyu
Cursor	Cursor
Data	Data
Digital	Digital
File	File
Font	Font
Internet	Internet
Message	Mensahe
Research	Pananaliksik
Screen	Screen
Security	Seguridad
Software	Software
Virtual	Virtual
Virus	Virus

Time
Oras

After	Pagkatapos
Annual	Taunang
Before	Bago
Calendar	Kalendaryo
Century	Siglo
Clock	Orasan
Day	Araw
Decade	Dekada
Early	Maaga
Future	Hinaharap
Hour	Oras
Minute	Minuto
Month	Buwan
Morning	Umaga
Night	Gabi
Noon	Tanghali
Today	Ngayon
Week	Linggo
Year	Taon
Yesterday	Kahapon

To Fill
Upang Punan

Bag	Bag
Barrel	Barrel
Basin	Basin
Basket	Basket
Bottle	Bote
Box	Kahon
Bucket	Bucket
Carton	Karton
Crate	Crate
Drawer	Drawer
Envelope	Sobre
Folder	Folder
Jar	Garapon
Packet	Packet
Pocket	Bulsa
Suitcase	Maleta
Tray	Tray
Tub	Tub
Tube	Tube
Vase	Vase

Tools
Mga Gamit

Axe	Palakol
Cable	Kable
Glue	Pandikit
Hammer	Martilyo
Knife	Kutsilyo
Ladder	Hagdan
Mallet	Mallet
Pliers	Pliers
Razor	Labaha
Rope	Lubid
Ruler	Pinuno
Scissors	Gunting
Screw	Screw
Shovel	Pala
Staple	Staple
Stapler	Stapler
Torch	Sulo
Wheel	Gulong

Town
Bayan

Airport	Paliparan
Bakery	Panaderya
Bank	Bangko
Bookstore	Bookstore
Cinema	Sinehan
Clinic	Klinika
Florist	Florist
Gallery	Gallery
Hotel	Hotel
Library	Aklatan
Market	Merkado
Museum	Museo
Pharmacy	Parmasya
School	Paaralan
Stadium	Istadyum
Store	Tindahan
Supermarket	Supermarket
Theater	Teatro
University	Unibersidad
Zoo	Zoo

Toys
Mga Laruan

Airplane	Eroplano
Ball	Bola
Bicycle	Bisikleta
Boat	Bangka
Car	Kotse
Chess	Chess
Clay	Luwad
Crafts	Crafts
Doll	Manika
Drums	Drums
Favorite	Paborito
Games	Mga Laro
Imagination	Imahinasyon
Kite	Kite
Puzzle	Palaisipan
Robot	Robot
Train	Tren
Truck	Trak

Vacation #1
Bakasyon #1

Airplane	Eroplano
Backpack	Backpack
Car	Kotse
Currency	Pera
Customs	Adwana
Departure	Pag-Alis
Expedition	Ekspedisyon
Itinerary	Itineraryo
Lake	Lawa
Museum	Museo
Relaxation	Pagpapahinga
Suitcase	Maleta
Ticket	Tiket
To Swim	Lumangoy
Tourist	Turista
Tram	Tram
Umbrella	Payong

Vacation #2
Bakasyon #2

Airport	Paliparan
Beach	Tabing-Dagat
Camping	Kamping
Destination	Patutunguhan
Foreigner	Dayuhan
Holiday	Holiday
Hotel	Hotel
Island	Isla
Journey	Paglalakbay
Leisure	Paglilibang
Map	Mapa
Mountains	Bundok
Passport	Pasaporte
Reservations	Reserbasyon
Restaurant	Restawran
Sea	Dagat
Taxi	Taxi
Tent	Tolda
Train	Tren
Visa	Visa

Vegetables
Mga Gulay

Artichoke	Artichoke
Broccoli	Brokuli
Carrot	Karot
Cauliflower	Kuliplor
Celery	Kintsay
Cucumber	Pipino
Eggplant	Talong
Garlic	Bawang
Ginger	Luya
Mushroom	Kabute
Onion	Sibuyas
Parsley	Perehil
Pea	Pea
Pumpkin	Kalabasa
Radish	Radish
Salad	Salad
Shallot	Bahag
Spinach	Spinach
Tomato	Kamatis
Turnip	Singkamas

Vehicles
Mga Sasakyan

Airplane	Eroplano
Ambulance	Ambulansiya
Bicycle	Bisikleta
Boat	Bangka
Bus	Bus
Car	Kotse
Caravan	Caravan
Engine	Makina
Ferry	Ferry
Helicopter	Helicopter
Motor	Motor
Raft	Raft
Rocket	Rocket
Scooter	Iskuter
Submarine	Submarino
Subway	Subway
Taxi	Taxi
Tires	Gulong
Tractor	Traktor
Truck	Trak

Virtues #1
Mga Kabutihan #1

Artistic	Artistikong
Charming	Kaakit-Akit
Clean	Malinis
Confident	Tiwala
Curious	Mausisa
Decisive	Mapagpasyang
Efficient	Mahusay
Funny	Nakakatawa
Generous	Mapagbigay
Good	Mabuti
Independent	Malaya
Modest	Katamtaman
Passionate	Mahilig
Patient	Pasyente
Practical	Praktikal
Reliable	Maaasahan
Wise	Matalino

Visual Arts
Sining Paningin

Architecture	Arkitektura
Artist	Artista
Ceramics	Keramika
Chalk	Tisa
Charcoal	Uling
Clay	Luwad
Composition	Komposisyon
Creativity	Pagkamalikha
Easel	Madali
Film	Pelikula
Masterpiece	Obra Maestra
Painting	Pagpipinta
Pen	Panulat
Pencil	Lapis
Perspective	Pananaw
Portrait	Larawan
Pottery	Palayok
Stencil	Mag-Istensil
Varnish	Barnisan
Wax	Waks

Water
Tubig

Canal	Kanal
Damp	Mamasa-Masa
Drinkable	Maiinom
Evaporation	Pagsingaw
Flood	Baha
Frost	Hamog na Nagy
Geyser	Geyser
Hurricane	Bagyo
Ice	Yelo
Irrigation	Patubig
Lake	Lawa
Monsoon	Monsoon
Ocean	Karagatan
Rain	Ulan
River	Ilog
Shower	Banyo
Snow	Niyebe
Soaked	Babad
Steam	Singaw
Waves	Alon

Weather
Taya ng Panahon

Atmosphere	Kapaligiran
Breeze	Simoy
Calm	Kalmado
Climate	Klima
Cloud	Ulap
Drought	Tagtuyot
Dry	Tuyo
Fog	Hamog
Ice	Yelo
Lightning	Kidlat
Monsoon	Monsoon
Polar	Polar
Rainbow	Bahaghari
Sky	Langit
Storm	Bagyo
Temperature	Temperatura
Thunder	Kulog
Tornado	Buhawi
Tropical	Tropikal
Wind	Hangin

Congratulations

You made it!

We hope you enjoyed this book as much as we enjoyed making it. We do our best to make high quality games.
These puzzles are designed in a clever way for you to learn actively while having fun!

Did you love them?

A Simple Request

Our books exist thanks your reviews. Could you help us by leaving one now?

Here is a short link which will take you to your order review page:

BestBooksActivity.com/Review50

MONSTER CHALLENGE!

Challenge #1

Ready for Your Bonus Game? We use them all the time but they are not so easy to find. Here are **Synonyms**!

Note 5 words you discovered in each of the Puzzles noted below (#21, #36, #76) and try to find 2 synonyms for each word.

Note 5 Words from *Puzzle 21*

Words	Synonym 1	Synonym 2

Note 5 Words from *Puzzle 36*

Words	Synonym 1	Synonym 2

Note 5 Words from *Puzzle 76*

Words	Synonym 1	Synonym 2

Challenge #2

Now that you are warmed-up, note 5 words you discovered in each Puzzle noted below (#9, #17, #25) and try to find 2 antonyms for each word.
How many lines can you do in 20 minutes?

Note 5 Words from **Puzzle 9**

Words	Antonym 1	Antonym 2

Note 5 Words from **Puzzle 17**

Words	Antonym 1	Antonym 2

Note 5 Words from **Puzzle 25**

Words	Antonym 1	Antonym 2

Challenge #3

Wonderful, this monster  challenge is nothing to you!

Ready for the last one? Choose your 10 favorite words discovered in any of the Puzzles and note them below.

1.	6.
2.	7.
3.	8.
4.	9.
5.	10.

Now, using these words and within a maximum of six sentences, your challenge is to compose a text about a person, animal or place that you love!

Tip: You can use the last blank page of this book as a draft!

Your Writing:

Explore a Unique Store Set Up FOR YOU!

BestActivityBooks.com/TheStore

Designed for Entertainment!

Light Up Your Brain With Unique **Gift Ideas**.

Access **Surprising** And **Essential Supplies!**

CHECK OUT OUR MONTHLY SELECTION NOW!

- Expertly Crafted Products -

NOTEBOOK:

SEE YOU SOON!

Linguas Classics Team

www.ingramcontent.com/pod-product-compliance
Lightning Source LLC
LaVergne TN
LVHW060320080526
838202LV00053B/4380